Brigitte Harries
Der Knigge für Hund und Halter

Grundlagen für
Hunde-Führerschein
und Wesenstest

KOSMOS

INHALT

Warum ein Knigge? 4
- 4 Das ist Privatsache
- 5 Darum geht's!
- 6 Der Hund fürs Image

Hund ist nicht gleich Hund 8
- 8 Verschiedene Charaktere
- 11 Die richtige Rasse wählen
- 12 Den richtigen Welpen wählen

Unser Hund und fremde Menschen 14
- 14 Der distanzlose Menschenfreund
- 21 Beim Menschenfreund zu Hause
- 24 Der bedrohlich wirkende Hund
- 27 Der Wächtertyp
- 37 Der Jägertyp
- 41 Irritierende Begegnungen

Unser Hund und andere Hunde 43
- 43 Verständigungsschwierigkeiten
- 45 Sprachbarrieren
- 46 David gegen Goliath
- 48 Hundefreilaufgebiete
- 49 Die Grenzen der Freiheit
- 50 Vom Jagdrevier zum Auslaufrevier
- 54 Rücksicht nehmen
- 57 Streit unter Nachbarn
- 57 Unliebsame Begegnungen

Unser Hund und andere Tiere 61
- 61 Katzen
- 63 Haustiere
- 66 Das „jagdbare Wild"

Frühe Gewöhnung an Umwelteindrücke 71
- 71 Beim Züchter
- 72 Beim Besitzer

Geschäftliche Probleme ▸ 73

75 ▸ **Probleme haufenweise**
79 ▸ **Hoch das Bein**

Öffentlichkeitsarbeit mit dem Hund ▸ 81

81 ▸ **Hilfreiche Gespräche**
83 ▸ **Kind und Hund**

Praktische Tipps ▸ 87

87 ▸ **Die lange Leine**
89 ▸ **Der Maulkorb**
90 ▸ **Unser Hund macht sich selbstständig**

Service ▸ 90

90 ▸ **Zum Weiterlesen**
90 ▸ **Adressen**
90 ▸ **Register**
92 ▸ **Impressum**

Warum ein Knigge?

4 ▶ Das ist Privatsache
5 ▶ Darum geht's!
6 ▶ Der Hund fürs Image

▶ **Das ist Privatsache**

Im Leben mit Ihrem Hund gibt es sehr private Dinge, die nur Sie, Ihre Familie und Ihren Hund etwas angehen. Es ist zum Beispiel Ihre ganz persönliche Entscheidung, ob Sie mit Ihrem Hund „Tisch und Bett" teilen. Ein Recht mitzureden haben dabei nur die, die in den Genuss – oder die Verlegenheit – kommen, ebenfalls in Ihr Bett zu krabbeln bzw. von Ihrem Teller zu essen. Allen anderen sollte es egal sein, wenn Sie – aus welchen Gründen auch immer – Ihrem Hund im Umgang mit Ihnen einiges erlauben, was andere falsch oder abstoßend finden. Wenn Sie persönlich Freude daran haben, sollten Sie kein schlechtes Gewissen entwickeln.

Die Reihe dieser Beispiele lässt sich beliebig verlängern: Wenn Sie Ihrem Hund bei Tisch gerne etwas geben und es verstehen, das Richtige für Ihn auszuwählen, nimmt er keinen Schaden, und Sie schaffen es vielleicht trotzdem, einigermaßen in Ruhe zu essen. Auf alle Fälle empfinden Sie das gute Gefühl, dass Ihr Hund an Ihrem Genuss Teil hat. Es ist ebenso Ihre Entscheidung, Ihren Hund aufs Sofa und die Sessel zu lassen. Es ist dann Ihr persönliches Problem, wenn Ihr Hund mit dem besten Gewissen der Welt auch dann seinen Lieblingssessel aufsucht, wenn er vorher in Pfützen geplanscht und sich in Erde „paniert" hat. Oder um seinen Knochen gerade dort weiter zu verarbeiten, nachdem er ihn 14 Tage in gesunder schwarzer Gartenerde hat „reifen" lassen, wobei unzählige dicke, weißliche Maden eifrig mitgewirkt haben, die nun beunruhigt auf dem empfindlichen Bezug Ihres Sessels herumkrabbeln … Es betrifft auch Sie selbst, wenn sie sich in

Ihrer Wohnung von Ihrem Hund mit Schlabber-Lefzen die schaumige Spucke überall hinschlenkern lassen.

Sie merken es: Bei diesen „Vereinbarungen" zwischen Ihnen und Ihrem Hund im Privatbereich löffeln Sie ganz alleine das aus – oder genießen es –, was Sie sich eingebrockt haben.

Sie machen vielleicht die Erfahrung, dass Ihr Hund nachts nicht durchgehend ruhig schläft, sondern auch pupst, im Traum „läuft" und fiept, sich des öfteren dreht und wendet, vielleicht schnarcht, auch schon mal aufsteht, um sich am Ohr zu kratzen, um sich zu schütteln oder um laut schlabbernd zu trinken. Möglicherweise hat er auch noch sprunggewaltige Untermieter, die nachts ihren Blutdurst an Ihnen stillen, weil Sie besser schmecken als Ihr Hund. Von Problemen bei nächtlichen Partnerinitiativen ganz zu schweigen ...

Und doch gehören Sie möglicherweise zu den vielen Hundebesitzern, die all das auf sich nehmen, weil Sie Ihren Hund gern neben sich spüren.

Wer hat das Sagen?

Solange Sie Teamchef(in) in Ihrem gemischten Hund-Mensch-Rudel bleiben und Ihr Hund zu Hause Freiheiten genießt, die Sie ihm bereitwillig eingeräumt haben, wird er auch akzeptieren, dass außerhalb Ihrer eigenen vier Wände andere Regeln herrschen, an die er sich halten muss. Hat er sich allerdings nach und nach mehr und mehr Freiheiten selbst genommen, weil er Sie besser im Griff hat als Sie ihn, dann könnte seine Karriere als problematischer Hund vorbestimmt sein.

▶ Darum geht's!

Dieser Exkurs in die Privatsphäre von Mensch und Hund zeigt, dass es vieles gibt, was weit davon entfernt ist, ein öffentliches Problem zu sein. Unser jahrtausendelanger Begleiter wäre nicht seit Jahren verstärkt im Blickpunkt der Öffentlichkeit, wenn es nicht auch den „öffentlichen Hund" geben würde. Dieser öffentliche Hund gerät mehr und mehr in die Kritik.

Wenn dieses Trio losspurtet, kann es Angst machen.

Immer mehr Menschen haben Angst vor Hunden. Bei vielen Menschen, insbesondere bei Müttern kleiner Kinder und oft auch bei Haltern kleiner Hunde, hat sich schon ein regelrechtes Feindbild entwickelt. Seitdem ein kleiner Junge im Sommer 2000 auf einem Hamburger Schulhof von zwei Pitbulls tot gebissen wurde, ist vielen Menschen die Unbefangenheit im Umgang mit Hunden verloren gegangen. Sie sehen in Hunden nicht mehr die jahrtausendelang bewährten Sozialpartner, mit denen es sich leben lässt, sondern die gefährliche Zeitbombe, die jederzeit explodieren kann. Zunehmend kann man regelrechte Hundephobien beobachten. Ausdruck der Ängste sind auch die „Hochsicherheitszäune", die inzwischen aus der Schule Buddestraße und einigen anderen Schulen Schutzkäfige für Schulkinder gemacht haben; Kosten pro Schule etwa DM 250 000,–. Wahrscheinlich vergrößern sie die Ängste der Kinder noch, denn die gelangen nur durch „Feindesland" morgens von Zuhause in die Schule und mittags wieder zurück. Nicht wenige Menschen würden sich freuen, wenn Hunde ganz aus der Öffentlichkeit verschwinden würden.

Fast alle Kinder haben ein spontanes Bedürfnis mit Hunden zu schmusen, aber nur wenige haben Gelegenheit dazu.

Diese zunehmende Ablehnung bis hin zum Hundehass beheben wir Hundehalter nicht, indem wir mit der Arroganz des Besserwissers die Empfindungen der anderen belächeln und mit unseren oft großen Hunden selbstbewusst umherwandern und deutlich zu verstehen geben: „Mein Hund ist o.k., er tut nichts. Wenn Ihr Angst vor ihm habt, habt Ihr selber Schuld. Und wenn er euch doch mal beißt, habt Ihr auch selber Schuld. Warum verhaltet Ihr Euch so falsch!"

Es ist einfach schlimm, wenn so ein ungestümer „Der-tut-nichts" ungehindert fremde Menschen anbellt, anspringt, abschlabbert, erschreckt oder gar umkippt und hinter allen rennenden Objekten herjagt. Es stimmt zwar meistens – leider nicht immer –, dass so ein unerzogener Bursche wirklich ein verspielter, neugieriger „Der-tut-nichts" ist. Dass sein Besitzer das aber nur aus der Ferne beteuert, ansonsten aber nichts tut, sich vielleicht nicht einmal entschuldigt, ist eine häufige Ursache öffentlichen Ärgernisses.

Die Schlimmsten aber sind die zu Waffen abgerichteten Hunde.

▶ **Der Hund fürs Image**

Auch ohne Führungsqualitäten kann jeder Mensch sich von heute auf morgen zum Chef machen: Er muss sich nur einen Hund zulegen. Denn zum Wesen des Rudeltiers Hund gehört seine Bereitschaft zur Unterwürfigkeit. Wahrscheinlich ist es gar nicht selten die Hoffnung auf den Zugewinn an eigener Stärke und Macht, die selbst völlig hundeunerfahrene Menschen zu einem starken Hund greifen lässt. Mit dem kann man plötzlich was darstellen; man ist wer. Diese Hundehalter ziehen Rüden vor, weil sie das imposantere Erscheinungsbild haben und weil zudem Rüden, also „Männer", nun einmal eher für Stärke und Kampfbereitschaft stehen als „Frauen".

Wenn diese neuen Chefs dann noch ihr Imponiergehabe auf die Spitze treiben und den Hund scharf machen oder machen lassen, um cool mit scharfer Waffe durch die Gegend laufen zu können, ist das Unheil vorprogrammiert. Starker Hund, schwache Hundekenntnis, dazu noch Zuchtauswahl und Erziehung auf Aggression hin – mit diesen Zutaten ist die „Bestie Hund" leider schnell geschaffen.

Jeden Hund, den man von Kindheit an in die gefährliche Irre leitet, kann man missbrauchen. Auf Gewissen und Moral als Gegengewicht zu skrupelloser Scharfmacherei kann man beim Hund nicht hoffen. Unser ergebener vierbeiniger Partner lässt fast alles mit sich machen, wenn es sein verantwortungsloser Mensch nur wirksam anstellt. Hunde, die Menschen und Hunde nie als Sozialpartner, sondern vielmehr als bedrohlichen Feind kennen gelernt haben, haben logischerweise auch keine Bedenken, sie zu beißen.

Allerdings bringen die einzelnen Hundetypen sehr unterschiedliche Körperkräfte und Wesensstrukturen mit und werden deshalb zu unterschiedlich gefährlichen Waffen. Selbstredend, dass ein bissiger Mops oder gar Chihuahua weniger Schaden anrichten kann als ein bissiger Dobermann oder Mastiff. Doch die Unfälle mit Pitbulls und ihren Verwandten zeigen, dass schon relativ kleine, kraftvolle Hunde Schreckliches anrichten können. Ohne Frage gibt es bei vielen hundert bestehenden Rassen immer noch genug Hunde, die man als effektive Waffen präparieren und einsetzen kann, wenn „bewährte Waffen" durch Hundeverordnungen verboten werden oder ihre Haltung enorm erschwert wird. Vom Hundebaby bis zum verdorbenen Beißer vergeht womöglich nur ein Jahr ...

Alle Beißer in der Tierwelt sind so wenig Schuld an dem, was sie tun, wie das Bolzenschussgerät, mit dem Schlachttieren in den Kopf geschossen wird. Der Verantwortliche ist der Mensch als Chef und damit Befehlsgeber des Hundes, und es bleibt unverständlich, dass Verbrecher, die ihren Hund als Waffe benutzen, ungestraft davonkommen, weil bestehende Gesetze oft nicht konsequent angewendet werden.

Aber auch an uns „normalen" Hundehaltern ist es, ganz schnell zu lernen, unsere Hunde so zu beeinflussen und so unter Kontrolle zu halten, dass sich ein möglichst großes Maß an artgerechter Entfaltung mit möglichst geringer Belästigung oder gar Gefährdung der Umwelt erreichen lässt. Zum friedlichen Miteinander werden wir nur gelangen, wenn wir selbst die Bereitschaft haben oder entwickeln, die Bedürfnisse unserer Mitmenschen und Mittiere zu sehen und Rücksicht auf sie zu nehmen.

Alle Beispiele in diesem Buch zeigen typisches Hunde- und Menschenverhalten in Konfliktsituationen. Die anschließenden Tipps sollen helfen, diese Situationen zu entschärfen oder von vornherein zu vermeiden. Nur so wird es möglich sein, die verhärteten Fronten aufzuweichen.

> ### Rücksicht nehmen
>
> Die Achtung der Mitmenschen ist die wichtigste Voraussetzung für ein friedliches Miteinander. Nach den vielen bekannt gewordenen Beißunfällen der letzten Zeit ist es wichtig, dass Hundehalter die verständlichen Ängste und Aggressionen von Menschen aushalten lernen, ohne selbst mit Gegenaggression zu antworten. Verständnis und Gespräche sind der Weg zum vertrauensvollen Miteinander. Gegen diejenigen Hundehalter, die wegen ihrer Waffe „Hund" gefürchtet werden *wollen*, sollten die schon lange bestehenden Gesetze konsequent angewendet werden.

Hund ist nicht gleich Hund

8	▶ Verschiedene Charaktere	12	▶ Den richtigen Welpen wählen
11	▶ Die richtige Rasse wählen		

Wenn Sie mit Ihrem Hund in friedlicher Gemeinschaft mit der Umwelt leben wollen, muss er im Wesentlichen „nur" drei Bedingungen erfüllen:
▶ Er muss freundlich oder neutral zu Menschen sein und keinen belästigen oder gar gefährden.
▶ Er muss mit anderen Hunden gut auskommen oder sich gar nicht um sie kümmern.
▶ Er muss andere Tierarten in Ruhe lassen.

Das klingt einfach, aber kaum ein Hund erfüllt alle drei Bedingungen ohne konsequente, liebevolle Erziehung.

▶ **Verschiedene Charaktere**
In den folgenden Kapiteln können sich die Tipps leider nicht mehr auf das typische Verhalten *aller* Hunde beziehen; das gibt es schon lange nicht mehr! Während alle Hunde noch recht ähnlich ihre Geschäfte verrichten, weil hier der Mensch züchterisch nie lenkend eingegriffen hat, sind sie ansonsten innerlich und äußerlich immer unähnlicher geworden.
Die verschiedenen Hunderassen sind im Laufe der Jahrzehnte, oft sogar Jahrhunderte, durch intensive Zuchtwahl jeweils für bestimmte Eigenschaften Spezialisten geworden. Jede Rasse wurde vom Menschen in ihrem Äußeren und in ihrem Verhalten so geformt, wie er sie haben wollte, zumindest hat er das versucht. Dabei hat er sich an oft geradezu tollkühne skrupellose Inzucht heran gewagt und so den Genpool erschreckend verkleinert.
Der Apportierhund schleppt nimmermüde seinem Besitzer alles heran, was sich nur heranschleppen lässt. Der Dachshund hat nicht nur die röhrengeeignete Figur, sondern auch den ausgeprägten Trieb, in jedes Erdloch einzufahren, und steckt deshalb schon mal in einem Sielrohr fest. Die Wind-

Hunde für alle Fälle
Apportierhund
Dachshund
Hütehund
Bulldoggenartiger
Diensthund
Windhund
Gesellschaftshund

Ersatzbeute wird von vielen Hunden begeistert erjagt und herbeigeschleppt – zu Wasser und zu Lande.

Qualitäten als Familienmitglieder waren gefragt und wurden gefördert.

So sind nach und nach „Hunde für alle Fälle" entstanden, man muss sich nur noch das passende Modell für seine Bedürfnisse aussuchen. Leider interessiert aber viele Menschen in erster Linie das „Outfit" ihres Hundes und sie fragen nicht danach, was für ein Wesen in dem angestrebten Exterieur steckt.

Der Hund unterliegt schnell wechselnden Modetrends. Die Werbung hilft eifrig mit, neue Modehunde zu machen. So hat der Golden Retriever in den letzten Jahren eine fragwürdige Karriere gemacht, die er häufig mit seiner Gesundheit bezahlen muss. Der Wasserfreak mit dem intensiven Hundegeruch fristet sehr oft ein überhaupt nicht seiner Begabung entsprechendes langweiliges Leben. In letzter Zeit wollen es viele noch eine Nummer größer und bunter und nehmen einen Berner Sennenhund, ohne sich überhaupt klar darüber zu sein, wofür er gezüchtet wurde.

All diese unterschiedlichen Vertreter der Art Hund haben wir bedenkenlos in unsere Städte geholt. Wir Hundehalter hatten keine Skrupel, den Hirtenhund von seiner Herde, von seinem „Job" weg, in unsere Wohnung zu holen, ebenso wie den eifrigen Jagdgehilfen mit seiner Spezialbegabung. Wir haben keine Bedenken, die Windhunde durch Großstadtstraßen trotten zu lassen, und wir lassen die dickfelligen Überlebenskünstler aus Kälte und Eis, die Schlittenhunde mit ihrem großen Laufbedürfnis, in unseren zentralbeheizten Behausungen schwitzen und von ausdauernder Bewegung höchstens noch träumen.

Wir erwarten von diesen leistungs-

hunde rennen hinter jedem schnell beweglichen Objekt her – und sei es auch nur ein alter Lappen auf der Rennbahn. Die Herdentreibhunde halten gern alles zusammen, zwicken ihre Leute auch mal in die Hacken und haben oft eine enorme Diensteifrigkeit. Die Herdenschutzhunde verteidigen mit Entschlossenheit ihren Besitz und werden mit Anbruch der Dämmerung immer misstrauischer. Die Bulldoggenartigen, diese verspielten „Kindsköpfe", halten mit Ausdauer fest, was sie einmal in ihrer breiten Schnauze haben; dabei muss es nicht der Stier oder Bär von anno dazumal sein oder der Artgenosse im Hundekampf, ein Stock oder Ball tut es auch. Dieses typische Merkmal der so genannten Kampfhunde, sich unversehens festzubeißen, kann leicht missbraucht werden.

Die Diensthunderassen bringen durchweg eine große Lernbereitschaft, einen ausgeprägten Spieltrieb und die Bereitschaft zum Zupacken mit, die ebenfalls in gefährliche Bahnen gelenkt werden kann. Die in Amerika sehr treffend als „Gesellschaftshunde" bezeichneten Hunderassen haben schon lange nur die eine Aufgabe zu erfüllen: sich im engen Zusammenleben mit ihren Menschen zu bewähren. Ihre starken Spezialisten, dass sie zufrieden mit uns leben, problemlos mit den veränderten Lebensbedingungen klarkommen und all die Eigenschaften „vergessen", die nicht mehr gewünscht sind.

Aber so einfach funktioniert das leider nicht: Das stark ausgeprägte Misstrauen, die Eigenständigkeit und Wehrhaftigkeit der Herdenschutzhunde sind nicht über Nacht weg, wenn wir sie nicht mehr brauchen und die bärigen Hunde lieber als tapsige, harmlose Teddys wollen. Der Schlittenhund wird nicht zum begeisterten Stubenhocker, wenn wir ihm nur einen gemütlichen Sessel bieten. Der Hetztrieb, der in allen Hunden mehr oder weniger stark ausgeprägt steckt, oft gekoppelt an den Beute- und Spieltrieb, ist leider auch nicht einfach weg, wenn wir ihn lästig finden. Deshalb rennen so viele Hunde hinter Joggern, Kindern, Radfahrern, Pferden, Kaninchen, Katzen oder selbst einem Blatt im Wind her. Andere Hunde, wie z.B. die Retriever, sind so apportiersüchtig, dass sie keinen Ball o.ä. in Bewegung sehen können, ohne ihn sich sofort zu organisieren und ihrem Menschen zu bringen, auch wenn sie dadurch das wichtigste Fußballspiel stören oder Kinder erschrecken. Sie reißen mit erstaunlicher Kraft selbst junge Bäumchen aus dem Boden, wenn ihnen etwas zum Mitschleppen fehlt.

Wieder andere Rassen sind von so plump vertraulicher Menschenfreundlichkeit und begrüßen auch Fremde so überschwänglich, dass denen Angst und Bange wird. Es gibt die geborenen Wächter, die nimmermüde Haus und Garten, Wohnung und Auto bewachen und verteidigen. Und wenn sie widerwillig Freunde der Familie hereinlassen, ist noch lange nicht sicher, dass sie diesen Besuch auch unbehelligt wieder von dannen ziehen lassen.

Andere wieder würden einen Einbrecher, der freundlich zu ihnen ist, bereitwillig ihr Quietsche-Entchen heranschleppen und ihn zu einer Spielrunde auffordern. Es gibt Hunde, die können keiner Pfütze und schon gar keinem Teich widerstehen. Sie schütteln sich dann in naiver hündischer Art auch direkt neben dem elegantesten Sonntagsspaziergänger. Andere wieder setzen freiwillig keine Pfote ins Wasser, obwohl sie nie schlechte Erfahrungen gemacht haben und täglich ihre schwimmenden Mithunde erleben.

Es gibt verfressene Rassen und wahre Asketen; es gibt Rassen mit sehr

Der umweltverträgliche Hund hat gelernt, ordentlich am Rad zu laufen.

ausgeprägtem Sexualtrieb und weniger lüsterne, es gibt Phlegmatiker und rastlose Quirle. Es gibt alberne und ernsthafte Hunde, es gibt kluge und dumme, es gibt robuste Rassen und krankheitsanfällige, langlebige und kurzlebige. Es gibt rauflustige, motzige Hunde und ausgesprochen friedliche mit sehr hoher Reizschwelle. Es gibt Hundetypen, bei denen die Hündinnen nur einmal im Jahr läufig werden und andere, bei denen sie alle fünf Monate heiß sind.

All diese Verhaltensweisen sind bei Rassehunden weitgehend vorhersehbar, wenn ihnen eine artgerechte Welpenstube eine normale Entwicklung ermöglicht. Sie können allerdings durch Haltungsbedingungen und Erziehung verstärkt oder abgemildert werden.

Beim Mischling können Sie sich oft nur am Verhalten der Mutter und dem der Welpen orientieren; natürlich auch an dem des Vaters, wenn er denn bekannt ist. Bei Hundekindern ist es nicht anders als bei Menschenkindern: Welche Eigenschaften sie von jedem Elternteil geerbt haben, merkt man erst im Laufe der Jahre.

Unser Ziel muss sein, unseren Hund – welches Grundkonzept des Verhaltens er auch mitbringt – so zu erziehen, dass er Menschen, Hunde und andere Tiere seiner Umwelt nicht beunruhigt, belästigt oder gar gefährdet. Das Ideale ist natürlich, wenn Ihr Hund viele der von Ihnen gewünschten Eigenschaften von sich aus zeigt, weil sie in seinem Erbgut angelegt und in der Welpenzeit beim Züchter gefördert worden sind.

Zum Beispiel hat man es in einer waldreichen Gegend viel leichter, wenn

> **Erwünschtes Verhalten**
>
> Gewünschtes Verhalten, das der Hund aus eigenem Bedürfnis zeigt, ist gewünschtem Verhalten durch Erziehung überlegen, weil es dann keine »Ausrutscher« auf Grund eines plötzlichen Ungehorsams gibt.

der Hund sich nicht für Wild interessiert, als wenn man alle Register der Erziehungskunst ziehen muss, um ihn am Jagen zu hindern. Wenn ein Welpe zu Ihnen kommt, beobachten Sie genau, welche Verhaltensweisen er von sich aus zeigt, bevor Sie anfangen, an ihm herumzuerziehen!

Bei der Erziehung zum „umweltverträglichen" Mithund sollen die folgenden Tipps eine Hilfe sein. Sie müssen allerdings die heraussuchen, die für Ihren Hund hilfreich sein können. Wenn er z.B. ein zurückhaltender, ernster Typ ist, muss er solche Verhaltensweisen nicht lernen, die für einen distanzlosen, albernen Grobian unbedingt ins Lernprogramm gehören.

▶ Die richtige Rasse wählen

Wenn Sie sich Ihren Idealhund erst zulegen wollen, dann erkundigen Sie sich rechtzeitig, welche Verhaltensweisen für Hunde der favorisierten Rassen typisch sind. Mehr als das Outfit Ihres Hundes wird sein rassetypisches Verhalten dazu beitragen, wie gut Sie mit ihm in Ihrer Umwelt zurechtkommen.

Am meisten werden Sie erfahren, wenn Sie mehrmals mit verschiedenen Besitzern und ihren Hunden spazieren gehen und selbst Ihre Beobachtungen machen. Eine weitere Hilfe ist es, den Hund zu Hause zu erleben, er zeigt dort häufig ein ganz anderes Verhalten. Erst in geschlossenen Räumen fällt einem meistens auf, wie stark er nach Hund riecht und wie groß er doch ist.

▸ **Den richtigen Welpen wählen**
Wenn Sie als Ziel den „umweltschonenden" Hund haben, sehen Sie sich vor dem Kauf unbedingt das Elternhaus des Welpen an! Entscheidend für sein späteres Verhalten ist – neben seinen Erbanlagen – eine enge, persönliche Beziehung zu den Züchtern. Das Hundekind sollte als integriertes Familienmitglied in der Züchterfamilie aufwachsen und bei einer Mutter, die ein geachtetes Mitglied dieses gemischten Rudels ist. Die ausgereifte Persönlichkeit der Mutterhündin und ihr freundliches, zuverlässiges Verhalten Ihnen als Interessenten gegenüber ist ein weiteres Indiz dafür, dass hier ein Hundebaby mit heiler Seele heranwächst.

Rassebeschreibungen lesen sich zwar gut, es handelt sich aber in den meisten Fällen um eine Laudatio über die betreffende Rasse. Über rassetypische Nachteile erfährt man oft wenig. Das ist nur allzu verständlich, denn die Texte werden ja von begeisterten Züchtern bzw. sonstigen Verehrern dieser Rasse geschrieben, die in der Regel ihr Leben lang ausschließlich mit Vertretern dieser Rasse zusammen gelebt haben und blind für die Nachteile geworden sind …

Kurze Rassedarstellungen in Hundeführern, die über viele Rassen informieren, enthalten zwar eine manchmal hilfreiche, mehr oder weniger kritische Kurztypisierung, sie ersetzen aber keinesfalls persönliche Erfahrungen mit dem angestrebten Hundetyp.

Natürlich darf die Mutterhündin ihre Babys sehr genau im Auge behalten, wenn Sie zu Besuch sind.
Wenn möglich, sollte man auch den Vaterrüden in seinem Verhalten beob-

Was aus ihm einmal wird, hängt von seiner Kinderstube ab.

achten. Ein Starfoto von ihm sagt nicht das Geringste über sein Wesen aus. Und so mancher Ausstellungsschönling vererbt schlimme Krankheiten. Hinter der schönen Fassade kann ein verhaltensgestörter Charakter stecken. Und nicht nur bei Menschen gibt es äußere und innere Ähnlichkeiten zwischen Eltern und ihren Kindern! Übrigens, Ihr Hund weiß nicht, wie er aussieht. Den hässlichen Hund gibt es für die Mithunde nicht, nur den unsympathischen. Für sein Ansehen in der Hundewelt ist in erster Linie sein Auftreten wichtig.

Suchen Sie sich einen Welpen aus, der gut mit seinen Geschwistern auskommt und Ihnen neugierig und kontaktbereit entgegenkommt. Den Welpen, der seine Geschwister dominiert, sollten Sie sich nur wählen, wenn Sie ein erfahrener, belastbarer Hundemensch sind.

Nehmen Sie sich, bevor Sie sich entscheiden, die Zeit, die Welpen mehrmals zu beobachten. Jedes Hundekind hat einen anderen Charakter. Geben Sie bei Ihrer Entscheidung dem Wesen den Vorrang gegenüber Äußerlichkeiten wie Fellfarbe, Ohrenhaltung, Normgröße. Ein guter Züchter kennt die individuellen Eigenarten jedes seiner Welpen und kann Sie kompetent beraten. Für Züchter, die mehrere Würfe gleichzeitig haben, gerät das Hundebaby schnell zum Stückgut.

Ein Hundekind aus dem Schweinekoben (Schuppen, Keller...), das 8 oder 10 Wochen in diesem geist- und seeletötenden Gefängnis verbracht hat, das noch nie Wind, Regen und Sonne erfahren hat, noch kein Blatt fangen konnte, noch nie mit seinem Bäuchlein das Kitzeln der Grashalme erlebt hat und seine kleine Nase in duftende feuchte Erde stecken konnte, das vor allem bis auf das Füttern keine positiven Menschenkontakte hatte, zudem noch von einer „kaputten", zur Gebärmaschine erniedrigten, verhaltensgestörten Mutter betreut wird, trägt in seiner hochsensiblen Hundeseele diese Defizite an positiver Prägung ein Leben lang mit sich herum. Diese Defizite lassen sich von keinem noch so bemühten Hundehalter ganz ausgleichen. Sehr häufig werden Welpen aus so zerstörerischer Welpenproduktion zu verhaltensgestörten Tieren.

> **Beste Voraussetzungen**
>
> Ein vertrauensvoller, menschenbezogener Welpe aus guter Kinderstube mit normalem Sozialverhalten Mutter und Geschwistern gegenüber, der von seiner Abstammung her ein freundlicher, heiterer Typ ist, bringt beste Voraussetzungen mit, um einmal ein problemloser, umweltverträglicher Hund zu werden. Er kann genauso gut ein Mischling wie ein Rassehund sein.

> **Wichtige Prägung**
>
> Klären Sie unbedingt, ob die Welpen während der so entscheidend wichtigen ersten 8 bis 10 Lebenswochen all die prägenden Umwelterfahrungen machen konnten, die die Kerlchen für ihr ganzes weiteres Leben brauchen. Verlassen Sie sich dabei mehr auf Ihre eigenen Beobachten als auf die Versicherungen der Züchter.

Unser Hund und fremde Menschen

14 ▸ Der distanzlose Menschenfreund	27 ▸ Der Wächtertyp
21 ▸ Beim Menschenfreund zu Hause	37 ▸ Der Jägertyp
24 ▸ Der bedrohlich wirkende Hund	41 ▸ Irritierende Begegnungen

▸ **Der distanzlose Menschenfreund**

An sich ist das uneingeschränkte Grundvertrauen in den Menschen eine gute Eigenschaft. Wer beißt schon jemanden, dem er vertrauensvoll entgegen geht? Ohne Frage gibt es Rassen und natürlich auch Mischlinge, die von Ihren Anlagen her besonders vertrauensvoll sind, genau wie es Rassen und Mischlinge gibt, denen das Misstrauen sozusagen im Blut liegt.

Retriever, Bulldoggen und Bulldoggenabkömmlinge wie die Staffordshire Terrier und Staffordshire Bullterrier und die Bullterrier sind von ihren Anlagen her meist distanzlose Menschen- und besonders auch Kinderfreunde, die sogar Kleinkinder faszinierend finden.

Als Welpe geht dieser Hund – gute Prägung vorausgesetzt – bereits neugierig und ohne Scheu auf alle Menschen zu, die ihn interessieren – und das sind die meisten. Wenn der Kleine erst einmal Zweibeiner entdeckt hat, die er beschnuppern und wahrscheinlich stürmisch begrüßen möchte, dann nützt es im Allgemeinen nichts mehr, ihn zu rufen. Wahrscheinlich filtert sein Gehirn unser Rufen sofort wieder als „unwichtige Information" weg, weil die Entgegenkommenden im Moment viel interessanter sind und seine volle Aufmerksamkeit beanspruchen.

Vielleicht registriert er unser Rufen zwar und weiß wahrscheinlich auch schon, was wir von ihm wollen, kommt aber nicht zu uns, weil er die fremden Leute so toll findet, dass ihm das Lob, das ihn beim artigen Kommen erwarten würde, unwichtig ist.

Wenn er aus guten Gründen, wie er meint, nicht auf unser Rufen reagiert, sondern zielstrebig weiterläuft, um mit den Fremden Kontakt aufzunehmen, lernt er dabei leider etwas anderes: Er stellt mit Beruhigung fest, dass ihm nichts passiert, wenn er unser Rufen ignoriert. Sein kleiner schlauer Kopf wird sich merken: „Meine Menschen rufen; ich mache trotzdem, was mir wichtig ist, und nichts Schlimmes passiert." Deshalb rufen Sie den Kleinen gar nicht erst, wenn die Ablenkung so groß ist, dass er mit großer Wahrscheinlichkeit nicht zu Ihnen kommt! Sie erreichen sonst nur, dass Ihr Ruf als ein beruhigender Kontaktlaut aufgefasst wird, der ihm sagt: „Mein Mensch ist in meiner Nähe – ich kann beruhigt sein." Sie erreichen mit Rufen also genau das Gegenteil des Gewünschten: Sie bestärken den Kleinen bei seiner Unternehmung.

Wenn unser junger „Allerweltshund" also neugierig lossaust, müssen wir hinterher, um möglichst zumindest kurz nach ihm bei den Fremden anzukommen. Wenn er noch klein und tapsig ist, empfangen diese ihn wahrscheinlich mit freudigem Entzücken. Er wird gestreichelt, und das schlaue Kerlchen im lernfähigsten Alter registriert: „Fremde begrüßen macht Spaß. Das mach' ich wieder!"

Es hilft alles nichts, Sie müssen versuchen, schon jetzt dem schnuckeligen Welpen Grenzen deutlich zu machen. Bereits wenn er vier, fünf Monate alt ist, hat er, wenn er der Spross einer großen Rasse ist, eine beachtliche Größe und Kraft. Wenn er jetzt auf ein Kind losstürmt, an ihm hoch hüpft und den kleinen Menschen dabei umkippt, ist die Freude nur noch auf seiner Seite. Das Kind wird vor Angst quieken und zappeln. Ihr junger, aber gar nicht mehr so kleiner Hund wird diese Angstsignale gänzlich missverstehen, dem Kind das Gesicht lecken und begeistert herumhopsen, es am Ärmel ziehen und auffordernd bellen, weil er das Ganze für ein feines Spiel hält. Vor einigen Jahren hätte sich die Reaktion auf solch unerwünschte Sympathiebekundungen wahrscheinlich auf einen ärgerlichen Protest beschränkt, heute aber würde das gleiche Verhalten möglicherweise eine Anzeige nach sich ziehen und – der halbstarke Hund würde vielleicht als gefährlich eingestuft ...

Gewiss, unser junger Hund soll sich möglichst natürlich entfalten dürfen, und er ist für das Kind keine große Gefahr, was körperliche Verletzungen betrifft, aber er ist möglicherweise eine ganz massive, schlimme Bedrohung für seine Seele, und das dürfen wir auf keinen Fall zulassen! Die seelische und körperliche Unversehrtheit der Mit-

Die Begegnung muss Kind und Hunden gefallen. Ängste dürfen auf keiner Seite entstehen.

menschen hat unbedingt Vorrang. Wir müssen deshalb unseren Welpen von klein an so unter Kontrolle haben, dass so etwas nicht passiert.

Um nicht falsch verstanden zu werden: Mit Kindern und Erwachsenen, die wir kennen und die das mögen, darf der junge Hund natürlich spielen und toben, solange es beiden Seiten gefällt. Aber hier geht es um den frei laufenden Hund und seinen Umgang mit fremden Menschen.

Was können Sie tun, wenn Ihnen auf dem Spaziergang Fremde begegnen? Wenn Sie bereits aus Erfahrung wissen, dass Ihr Welpe Kontakt aufnehmen möchte, müssen Sie rechtzeitig reagieren: Bevor er sich unaufhaltsam auf den Weg dorthin macht, müssen Sie ihm schon zuvorkommen. Wenn er ein begeisterter Spieler ist – und das sind diese Menschenfreunde in der Regel –, haben Sie eine gute Chance: Lenken Sie ihn einfach ab, indem Sie ihn zum Mitspielen auffordern. Das Quietschen eines Spielzeugs in Ihrer Hand kann Wunder wirken und die Aufmerksamkeit sofort auf Sie lenken, denn damit verbindet er tolle Aktivitäten. Auch wenn Sie zum Beispiel mit einem Stöckchen vor seiner Nase herumwedeln, wird er nicht widerstehen können, es festhalten und mit Ihnen um die Wette daran zerren. Dieses spannende Kräftemessen mit seinem Menschen lässt die Passanten für den Welpen uninteressant werden.

Ein ziemlich sicherer Trick ist es auch, seinen Namen zu rufen, damit er neugierig zu Ihnen hinguckt, und dann wegzulaufen. Dieses Fangspiel wird er wahrscheinlich mitmachen. (Vielleicht auch vorwiegend aus der Befürchtung heraus, Sie könnten ihm verloren gehen!) Verfressene Typen lassen sich auch mit in Aussicht gestellten besonders leckeren Häppchen auf ihren Menschen konzentrieren. Sie können für solche Fälle z.B. kleine Käsewürfel oder Geflügelwurststückchen einer milden Sorte mitnehmen und dem Welpen wirklich nur dann geben, wenn Sie ihn mit einem besonderen Ruf aufmerksam gemacht haben, z.B.: „Bobby, schnell!" Wenn der Kleine erst einmal weiß, dass es etwas ganz Besonderes gibt, wenn sein Mensch mit diesen Worten ruft, wird er bestimmt erwartungsvoll angeflitzt kommen. Sie dürfen die Wirkung dieser Extra-Häppchen nur nicht dadurch abschwächen, dass Sie zu großzügig mit ihnen umgehen und versuchen, Ihren Hund alle fünf Minuten damit anzulocken ...

Sie können natürlich auch ganz auf Nummer Sicher gehen und ihn anleinen, bis die Versuchung vorüber ist. In dem Moment, wenn Sie ihn an der Leine haben, können Sie ihm Ihre Wünsche leichter deutlich machen. Wenn er zu den Passanten hinstrebt, sagen Sie: „Emil, nein!", rucken kurz an der Leine und machen einen Richtungswechsel. Natürlich loben Sie ihn, wenn er mit Ihnen gekommen ist (verbales, überschwängliches Lob, ausgelassenes Knuddeln, ein kleines Spiel oder auch ein Häppchen sind Belohnungen, die ankommen), schließlich soll es ihm Spaß bringen, gehorsam zu sein, wo er dadurch auf so viele andere Freuden verzichtet. Um einem Leinen-Rambo-Verhalten vorzubeugen, also wildem Gegifte an der Leine, sollten Sie die Leine möglichst locker halten und auch beim angeleinten Hund so vorgehen, wie oben beschrieben. Die Leine ist dann in erster Linie eine Art Sicherheitsleine für den Fall, dass der Hund nicht bei Ihnen bleibt.

Während man schüchternen, „fremdabweisenden" Hunden in ihrer Welpenzeit möglichst viele angenehme Begegnungen mit Fremden ermöglichen sollte, muss man bei allzu kontaktfreudigen gegensteuern. Eine Hilfe bei der Erziehung können Bekannte sein, die der Welpe aber nicht kennt. Mit ihnen sollten wir Begegnungen arrangieren. Dabei sollten sie uninteressiert und abweisend auf die Kontaktversuche des Welpen reagieren, ihn vielleicht sogar mit „Pfui, hau ab!" wegschicken, so dass er sich – hoffentlich enttäuscht – wieder abwendet. Wenn wir ihn jetzt zu uns rufen, haben wir gute Aussichten, dass er kommt. Bei besonders sturen Hunden, die von ihrer freundlichen, aber oft unerwünschten Anmache nicht ablassen wollen, können auch Disc-Schellen helfen, die eingeweihte, möglichst hundeerfahrene Helfer (die der Hund nicht kennt!) dem aufdringlichen Typen vor die Füße werfen, wenn er sich nicht von Ihnen zurückrufen lässt.

Viele Hundebesitzer tragen Hundekuchen als Belohnungshäppchen in Jacken- und Hosentaschen mit sich herum. Sie selbst tun es vielleicht auch. Sie sollten aber alle Fremden bitten, Ihren jungen Hund nicht damit zu „ködern". Da die Gruppe der Menschenfreunde durchweg sehr verfressen ist, wird Ihr Hund sonst schnell lernen, jeden Passanten auf seinen Tascheninhalt hin zu untersuchen, und er wird, wenn seine Nase ihm Beute signalisiert, derb betteln. Nun wird er zwar in der Regel nur bei Hundebesitzern fündig, aber kontrolliert werden oft auch völlig Außenstehende, bis der Hund aus Erfahrung lernt, wo es sich lohnt. Und ein Hund, der gelernt hat, auf diese Art Beute zu machen, der wird auch ohne Hemmungen versuchen, das Wurstbrötchen aus der Hand eines Kindes zu erbeuten oder an einem fremden Eis mitzulecken …

Ein besonders großer Hund braucht auch eine besonders große Gutmütigkeit gegenüber Kindern und Erwachsenen.

Über eines müssen Sie sich im Klaren sein: Wenn Sie sich einen kontaktfreudigen Hund einer größeren Rasse zulegen und ihn frei laufen lassen, werden Sie selbst bei aller Voraussicht und allem gutem Willen mehr als einmal in die Situation kommen, dass Ihr Hund als Welpe oder Junghund Menschen belästigt, die mit Hunden nicht gern in Berührung kommen. Vielleicht haben sie selbst schlechte Erfahrungen mit Hunden gemacht, vielleicht steckt der Schock über Berichte von tödlichen Hundebissen tief bei ihnen, vielleicht sind sie auch einfach nur sehr unsicher auf den Beinen und fürchten, umgeworfen zu werden und sich etwas zu brechen, oder sie mögen aus anderen Gründen keine Kontakte.

Vergessen Sie aus Verliebtheit in Ihren Hund bitte nie: Diese Mitmenschen haben ein Recht darauf, in Ruhe gelassen zu werden. Schließlich wollen Sie auch nicht an allen Freuden und Hobbys ihrer Mitmenschen teilhaben! Manch einer von Ihnen hat sicher

gemischte Gefühle, wenn er sich vorstellt, dass ein Mitmensch, der Ratten mag, ihm seine harmlose, schmusige Ratte auf den Schoß setzt und freundlich versichert: „Die tut nichts." Zur Zeit erobern gar nicht so kleine Minischweinchen das Herz und die Wohnung einiger Mitmenschen, und die borstigen, handfesten Grunzer gehen auch mit Ihren Menschen spazieren. Und ich bin mir sicher, dass auch Sie unbehagliche Gefühle bekommen würden, wenn so ein kleiner Keiler auf Sie zutraben und mit seiner hauerbewehrten Steckdosenschnauze an Ihnen schnuppern würde. Bei einigen von Ihnen hört das Verständnis vielleicht schon bei den meist ruhigen, Abstand haltenden Katzen auf, von typischen „Ekeltieren" gar nicht zu sprechen.

Genau wie Menschenkinder tun auch junge Hunde nicht immer das, was wir von ihnen wollen. Wir müssen also etwa ein bis drei Jahre lang damit rechnen, dass unser Hund anders reagiert, als wir das wollen. Und selbst später, als erwachsener Hund, wird er aufgrund von Erziehungsfehlern oder schlimmen Erfahrungen oder auch problematischen Neigungen „Schwachstellen" behalten. Hunde sind da „auch nur Menschen"!

Das Bestürmen von Fremden ist eindeutig eine Schwachstelle des sympathischen Menschenfreundes. Und als solche müssen wir sie sehen. Deshalb sollte es eine Selbstverständlichkeit sein, dass wir vorsorglich alles tun, um solche Überfälle unseres distanzlosen Menschenfreundes auf Fremde zu verhindern. Können wir es trotz aller Bemühungen einmal nicht verhindern, müssen wir uns bei den belästigten Mitmenschen aus echtem Bedauern heraus entschuldigen. Und wir sollten das Gespräch suchen und den erschreckten bzw. verärgerten Mitmenschen erklären, dass wir mit unserem Hund noch in der Erziehungsphase stecken und uns alle Mühe geben, dieses Verhalten zu verhindern. Ebenso selbstverständlich sollte es sein, dass wir die Reinigung von beschmutzter Kleidung anbieten.

Dies so deutlich zu sagen, ist leider nicht überflüssig. Ich erlebe auf meinen täglichen Hundespaziergängen fast regelmäßig, dass die Hundebesitzer in solchen Situationen die Passanten noch zusätzlich beschimpfen: „Mein Hund hat Ihnen doch gar nichts getan. Stellen Sie sich nicht so an!" – „Hier im Pelzmantel aus dem Nerz-KZ rumrennen und dann noch über harmlose Hunde meckern, das lieb ich!" – „Erziehen Sie Ihr Kind doch so, dass es nicht so hysterisch reagiert!

Es hat ja selbst schuld! Machen Sie sich doch nicht lächerlich!" usw.

Genauso schlimm ist es, dass manche Hundebesitzer einfach weitergehen, ein spöttisches Grinsen aufsetzen und vielleicht noch herablassend abwinken. Sie wissen genau, dass sie eindeutig im Vorteil sind: Die belästigten Passanten können praktisch nichts tun, wenn sie den Hundehalter nicht kennen. Sie stehen erschreckt mit zitternden Knien und Dreck an der Kleidung und vielleicht einem schluchzenden Kind auf dem Arm da und sehen Halter und Hund unaufhaltsam verschwinden. Oft haben sie auch viel zu viel Angst, auf den Hundehalter zuzugehen, weil sie fürchten, dass der Hund dann noch einmal auf sie losgeht und womöglich sogar beißt, weil er durch den Protest der „Opfer" gereizt wird.

Lernen Sie, Verständnis für Ihre Mitmenschen zu empfinden! Jemand, der sich mit Hunden nicht auskennt, kann einen neugierigen, verspielten Junghund, der ihn zielstrebig ansteuert, nicht von einem angriffslustigen erwachsenen Hund unterscheiden. Deshalb bekommt er verständlicherweise Angst. Können Sie eine Spielzeugpistole sofort von einer scharfen Waffe unterscheiden? Greifen Sie ohne Zögern zur harmlosen Schlange, wenn man sie Ihnen zusammen mit einer giftigen hinhält?

Deshalb seien Sie vorsichtig mit Ihrer Meinung „Das sieht doch jeder, dass mein Hund nichts tut!" Und bedenken Sie immer: Auch Ihr Hund wirkt durch seine Raubtierzähne wie eine Waffe. Dass Hunde fast immer gut gesicherte Waffen sind – gesichert durch die Zuneigung und Ergebenheit gegenüber ihren Menschen –, ist für ängstliche Menschen keine große Beruhigung. Das kann es letztlich auch solange nicht sein, wie durch Zucht und Haltung gerade bei den distanzlosen Menschenfreunden, den Pitbulls und ihren Verwandten, leider auch „der andere Hund" angestrebt und erreicht wird. Ohne Frage gibt es Hunderassen, die genetisch „gefährdet" und beson-

So ein gut gemeinter zärtlicher Überfall von hinten ist nur unter Freunden erlaubt.

ders geeignet für einen Missbrauch sind. Im Erbgut sind auch Wesensstrukturen angelegt. Zudem gibt die Mutterhündin den Welpen das mit, was sie selbst im Umgang mit Menschen und Tieren gelernt hat. Züchter, die den „scharfen" Hund anstreben, wählen sich als Elterntiere scharfe Waffen, „schärfen" die Welpen durch gezielte Beeinflussung auf Aggression hin und erreichen dadurch ihr verbrecherisches Ziel.

Die einzige Chance für einen Hund mit problematischem Erbgut sind eine „entschärfende" liebevolle Behandlung durch den Züchter von Geburt an und viele positive Erfahrungen während der Prägungs- und Sozialisierungszeit. Privathalter sollten sich sehr gründlich überlegen, ob sie sich einen Hund einer Diensthundrasse zulegen, denn hier wurde über viele Generationen eine Auslese auf Schärfe und Einsatzbereitschaft betrieben.

Die Hersteller von scharfen Hunden, die ganz gezielt auf den Hund als gefährliche Waffe aus sind, werden für ein Buch wie das vorliegende nur ein geringschätziges Lächeln übrig haben und sich nicht im Geringsten davon irritieren lassen.

Wünschenswerte Kontrolle

Es ist es wichtig, dass jeder Züchter einen Sachkunde-Nachweis zu erbringen hat und dokumentieren muss, wie er seine Hunde hält und was aus ihnen wird. Für alle Zuchthunde sollte das Bestehen eines standardisierten Wesenstests die wichtigste Voraussetzung sein. Und wenn man auch das Verbot von Massenzuchten und dem Handel mit Welpen aus ausländischen Massenzuchten durchsetzen könnte, wäre viel erreicht.

Andererseits soll Ihr kontaktfreudiger Hund nicht ganz auf Kontakte mit Mitmenschen verzichten müssen. Wenn Sie sicher wissen, dass die Entgegenkommenden sich über eine stürmische Begrüßung freuen, dann geben Sie Ihrem Hund „grünes Licht". Sagen Sie z.B. : „Paul, guck mal, wer kommt denn da! Lauf!" Wahrscheinlich kennt er den Sinn dieser Worte schon, wenn Sie ihn zu Hause mit diesen Worten informieren, wenn Ihr Kind von der Schule oder Ihr Ehepartner von der Arbeit kommt, und er wird deshalb sofort voller Vorfreude losrennen. Zeigen Sie ihm durch Ihre Armbewegung die richtige Richtung. Wenn Sie es erst einmal schaffen, dass Ihr Halbstarker nur auf Ihr Kommando losspurtet, haben Sie viel erreicht.

Die Erziehungsversuche an Ihrem jungen Hund haben in der vertrauten Umgebung, in der Sie täglich Ihre Runden drehen, am ehesten Erfolg. Kommt der Kleine in ein unbekanntes und entsprechend interessantes und aufregendes Gelände, ist häufig alles Gelernte in den Hintergrund gedrängt, deshalb sind hier besondere Voraussicht und Vorsicht am Platze, insbesondere bei einem selbstbewussten Hund. (Eventuell an die lange Leine nehmen oder versuchen, ihn in der Nähe zu halten, weil die „Stimme seines Herrn" dann mehr Einfluss hat.) Kritische Situationen sollte man möglichst vor ihm entdecken; das ist allerdings leichter gesagt als getan.

Wenn der lebenslustige Bursche aber doch zu einem unerlaubten und unerwünschten Kontakterlebnis gekommen ist und er nun froh wedelnd wieder zu Ihnen zurückkommt, schimpfen Sie auf gar keinen Fall mit ihm. Er würde das nur auf sein Zurückkommen beziehen und daraus lernen: „Mein Mensch nimmt mir übel, dass ich zu ihm komme. Das nächste Mal muss ich besser Abstand halten!" Also versuchen Sie, den Ärger über seinen Abstecher zu verdrängen, und zeigen Sie ihm Ihre Freude über seine Rückkehr.

Sollte Ihr Hund schon erwachsen sein und die o.g. Schwachstellen immer noch haben, kommen Sie mit dem Lernen im Spiel nicht weiter. Sie müssen ihm vor allem zeigen, dass Sie auch dann noch Einfluss auf ihn haben, wenn er ein Stück von Ihnen weg ist. Wenn all die oben beschriebenen Strategien ihn nicht beeindrucken und er auf Ihren Rückruf nicht reagiert, dann stehen Sie beim frei laufenden

Hund hilflos da. Greifen Sie in solchen Situationen bitte auf keinen Fall zu sogenannten „Erziehungshilfen" wie Elektro-Halsbändern, mit denen Sie per Fernauslöser einen Stromschlag auslösen können, oder zu Halsbändern, die ebenfalls auf Knopfdruck Flüssigkeit – oft mit unangenehmem Geruch – aussprühen. Nicht auszuschließen ist zwar, dass diese negativen Erfahrungen den einen oder anderen Hund anschließend eine Zeit lang so verunsichern, dass er sich nicht mehr von seinem Menschen wegtraut, sicher ist aber, dass sie viele Hunde schwer schädigen, weil sie große Ängste bis hin zur Panik in ihnen auslösen. Zudem ist der Gebrauch der Elektrohalsbänder nach dem Tierschutzgesetz verboten.

Sinnvoll kann dagegen eine lange Schleppleine sein. Sie dürfen das Heranrufen allerdings nur dann üben, wenn Sie die auf dem Boden schleifende Leine noch erreichen können. Kommt Ihr Hund auf Ihre Aufforderung hin nicht, rucken Sie deutlich an der Leine und zeigen so Ihre Fernwirkung. Reagiert er immer noch nicht, ziehen Sie ihn zu sich heran, lassen ihn vor sich „Sitz" machen und loben ihn dann.

Er soll die Erfahrung machen, dass das Weiterlaufen gegen Ihren Befehl nicht möglich ist. Eine Wurfkette kann auch helfen, wenn Sie Ihren Hund damit erschrecken oder notfalls auch treffen, nachdem er auf Ihr Rufen nicht reagiert hat. Die Disc-Schellen sind für diese Beeinflussung ebenfalls geeignet, weil sie für Hundeohren sehr unangenehm scheppern.

Der Erfolg hängt davon ab, wie schnell und zielgenau Ihr Wurf auf das Nichtbefolgen Ihres Befehls hin folgt, denn solche Hilfsmittel nutzen sich in ihrer Wirkung schnell ab, wenn sie falsch eingesetzt werden.

Wann immer möglich, sollte die Beeinflussung des Hundes durch positive Konditionierung erfolgen, aber manchmal hilft eben auch eine deutliche negative Erfahrung bei der Erziehung.

Außerdem muss er durch wiederholte Gehorsamsübungen wie Fuß, Sitz, Platz, Warte erinnert werden, wer das Sagen hat. Hier ist wieder ganz wichtig, dass ein gutes Lernklima herrscht, der Hund lösbare Aufgaben bekommt und berechtigtes, ehrliches Lob anschließend möglich ist.

Schließen Sie diese Übungen dann ab, wenn Ihr Hund etwas richtig gemacht hat, damit Sie ihn auch zum Schluss noch einmal richtig loben können. Mit diesen Befehlen wird es Ihnen in Konfliktsituationen hoffentlich gelingen, Ihren Hund auch dann in Ihrem Einflussbereich zu halten, wenn er nicht mehr an der Leine ist.

Machen erwachsene Hunde in solchen Fällen noch Schwierigkeiten, ist der Besuch einer qualifizierten Hundeschule zu empfehlen, weil dort mit erfahrenen Helfern geübt werden kann.

▶ Beim Menschenfreund zu Hause

Zu Hause zeigen sich diese Hunde meist ebenfalls von ihrer freundlichen Seite, denn sie haben selten einen ausgeprägten Wachtrieb. Der hängt nämlich in der Regel mit einem großen Misstrauen gegen den „Rest der Welt" zusammen. Die Menschenfreunde freuen sich über jeden netten Besucher, Einbrecher eingeschlossen. Nichtsdestotrotz sollte es eine Selbstverständlichkeit sein, den Hund zunächst fest-

Ein friedlicher „Der tut nichts" oder ein bedrohlicher Riese, der sein Spielzeug bewacht? Vielen Menschen macht solch ein Hunderiese Angst.

„Der-tut-nichts" in Wirklichkeit ein bissiger Köter war. Ich habe mehrmals gesagt bekommen: „Alle Hundebesitzer behaupten immer ‚der tut nichts', und dann hängt er einem in der Wade!" Dann stand ich ziemlich ratlos da und habe mir verkniffen, noch einmal zu beteuern, dass meiner aber ganz bestimmt nichts tut ...

Respektieren Sie die Unsicherheit fremder Besucher und sperren Sie Ihren Hund in einen anderen Raum ein, oder noch hundgerechter: Nehmen Sie ihn an die Leine, und lassen Sie ihn die Aktivitäten der Fremden beobachten, aber bitte nicht aus zu bedrohlicher Nähe (aus Sicht der Gäste).

Rechnen Sie immer damit, dass der Fremde sich ungeschickt, provozierend oder auch bedrohlich für Ihren Hund benimmt: Ein Mensch, der eine Bohrmaschine oder eine Leiter geschultert hat oder eine Werkzeugkiste mit sich trägt, kann insbesondere für den unerfahrenen Hund schnell zur bedrohlichen Gestalt werden. Verständlicherweise wird Ihr Hund knurren oder bellen.

Gehen Sie furchtlos an die unheimlichen Wesen heran und fassen Sie sie auch demonstrativ an. Ihr Hund wird zum einen Ihren Mut bewundern, zum anderen wird er beruhigt registrieren, dass sein „Chef" diese Begegnung ohne Schaden übersteht.

Ein Fremder, der seine Angst vor Hunden überspielen möchte, wird vielleicht seinen ganzen Mut zusammennehmen und versuchen, unseren freundlichen Hund zu streicheln. Da ihm die Hundeschnauze bedrohlich ist, möchte er den Hund lieber am Hinterkopf zwischen den Ohren streicheln. Mit zögernd langsamer Bewegung versucht er deshalb, möglichst steil von

zuhalten, wenn Handwerker, Lieferanten, Fensterputzer, Schornsteinfeger oder andere, dem Hund unbekannte Aktivisten in die Wohnung kommen, denn die können ja nicht wissen, dass er ein friedlicher Typ ist. Nachdem sie den Hund gesehen haben, können Sie fragen: „Er ist ganz lieb. Darf ich ihn loslassen?" Meist darf man. Aber es gibt auch Menschen, die es trotz unserer Versicherung doch vorziehen, dass der Hund nicht frei herumläuft. Entweder haben sie einfach Angst vor Hunden, oder sie haben die schmerzvolle Erfahrung gemacht, dass so ein oben und hinten zum Nacken des Hundes zu kommen. Nun mag gerade das ein Hund am allerwenigsten, denn genau an dieser Stelle würde ein großer Gegner den „Beutegriff" ansetzen. Deshalb entziehen sich insbesondere instinktsichere, ursprüngliche Hunde dieser Vereinnahmung durch einen Fremden entschlossen und oft sichtlich gereizt. Hier ist der Tipp an den Besucher angebracht: „Lassen Sie den Hund erst mal an Ihrer Hand schnuppern, dann lässt er sich gern an der Brust streicheln."

In Gaststätten ist der „Menschenfreund" – selbstverständlich an der Leine – in der Regel kein Problem, wenn Sie ihn im Bereich Ihres Tisches halten. Setzen Sie sich aber nicht gerade neben das Salat- oder Kuchenbuffet! Wenn Sie nach ausgiebigem Essen aufstehen und Ihr Hund sich unter dem Tisch herausarbeitet, wird er das unwiderstehliche Bedürfnis haben, sich zu recken und sich herzhaft zu schütteln. Unser Eurasier, dieser dickfellige Teddy, schwitzt unter Gaststättentischen immer geduldig vor sich hin. Wenn wir dann aber endlich aufstehen, muss er sich einfach schütteln. (Wenn er sich dagegen nach einem Spaziergang im Regen vor unserer Haustür schütteln soll, tut er es nicht. Er wartet damit, bis er drinnen ist!) Den Gesichtern der Umsitzenden sieht man an, dass sie damit rechnen, nun eine angereicherte Mahlzeit vor sich auf dem Teller zu haben. Uns ist dieses Schütteln unangenehm, aber trotz aller Erziehungsversuche tut er es. Es überkommt ihn offenbar wie Niesen oder eine Gänsehaut. Die einzige Gegenstrategie wäre, immer im Fluchttempo aus der Gaststätte zu rennen, denn wer schnell rennt, der schüttelt sich nicht. Zwangsläufig würden wir aber dadurch zu Witzfiguren und zudem ist es schwer, sich mit Kleinkind und gehbehinderter Oma auf diese Weise zu entfernen; auch möchte man manchmal gern noch seinen Mantel mitnehmen ...

Wir selbst sind daran gewöhnt, aber wir sollten es nicht vergessen: Unser Hund ist nicht nur ein Hund, er riecht auch wie ein Hund. Und wenn wir die Gaststätte nach einem Spaziergang im Nebel oder Regen ansteuern oder unser „Seehund" gerade vorher durch den Baggersee geschwommen ist, dann stinkt unser Hund leider wie ein nasser Hund. Nicht jeder Gast riecht einen nassen Hund gern! Wenn wir also einen nassen Hund oder gar einen großen nassen Hund und noch eine gewisse Platzauswahl haben, dann sollten wir lieber auf die letzten freien Plätze mit hervorragender Aussicht verzichten und an einem anderen Tisch etwas Abstand halten oder den Hund im Auto lassen. Auf Dauer gesehen tun wir es Freund Hund zuliebe, denn nur Herr/Frau und Hund, die sich benehmen können, halten den ungehinderten Zutritt zu Gaststätten offen.

▸ Der bedrohlich wirkende Hund

Wenn so ein mächtiger Bursche nicht schon Ihr Haus und Ihr Herz erobert hat, dann nehmen Sie doch in der Planungsphase mal so ein Kraftpaket an die Leine, oder begleiten Sie einen ausgewachsenen Vertreter der angepeilten Rasse auf einem Spaziergang mit seinem Frauchen. Oder traut sich etwa nur der Mann im Haus zu, ihn an der Leine auszuführen?

Wir kennen einen erfahrenen Hundezüchter, der besitzt u.a. so einen Riesenhund. Seine Familie traut sich gar nicht, ihn auszuführen, und er selbst präpariert sich mit Stollen-Sportschuhen, damit er überhaupt gegenbremsen kann, wenn sein Hund dahin will, wo er nicht hin soll. Dabei wirkt der Hund normalerweise träge und schwerfällig und trägt ein Stachelhalsband. Sein Besitzer kann ihn also eindringlich und nicht gerade tierfreundlich zum gehorsamen Mitlaufen auffordern.

Gerissene Bänder in den Fußgelenken und ebensolche in verdrehten Daumen, um die sich eine Leine gewickelt hatte, sind in der Erziehungsphase (ca. zwei bis drei Jahre) bei Großhundebesitzern keine Seltenheit. Ein unternehmungslustiger, verspielter Labrador etwa kann einen Menschen bei aller Liebe leicht von den Beinen holen. Dabei gehört er noch nicht einmal zu den sehr großen Hunden und ist dazu noch besonders gutmütig.

Kaufen Sie sich keinen Hund, dem Sie kräftemäßig nicht gewachsen sind. Sie kommen unausweichlich in Situationen, wo Sie Ihren Willen gegenüber dem Ihres Hundes durchsetzen müssen. Insbesondere in der Erziehungsphase brauchen Sie dazu nicht nur Ihren Verstand, sondern auch so viel Kraft, dass Sie Ihren Hund sicher im Griff haben.

Bedenken Sie einmal, wie bedrohlich Ihr Hund mit Ihnen im Schlepp auf Fremde wirkt, wenn diese so eine Notbremsung beobachten. Wenn Sie sich einen Welpen einer starken Rasse zulegen, können Sie nie sicher wissen, ob er sich zu einem in jeder Lebenslage friedlichen Hund entwickeln wird.

Hunde haben auch ihre Eigenheiten und Schwächen. Leider ist sich nicht jeder Riese sicher, dass die meisten Hunde ihm nicht gefährlich werden können. Ideal ist natürlich der Großhund mit sehr hoher Reizschwelle, den praktisch nichts Alltägliches aus dem inneren Gleichgewicht bringen kann. Wenn Ihr Riese aber eines Tages beschließt, keine Dackelrüden mehr ausstehen zu können, und er wütend auf jeden losgeht, oder wenn er plötzlich auf jedes Gekläffe eines kleinen Hundes mit einer heftigen Attacke antwortet oder wenn er vor jedem Lastwagen in Panik die Flucht ergreift, reicht nicht immer die Stärke Ihres Befehls, um ihn von seinen Vorhaben abzubringen. Sie

Power pur – vielen Rottweilerfans zur Freude, vielen anderen ein Schrecken.

müssen Ihren Hund halten können, wenn er einmal seine Erziehung vergisst oder die Nerven verliert! Das Kopfhalfter kann Ihnen in solchen Situationen helfen, den Riesen zu zügeln, bevor er mit Ihnen als „hilfloser Person" im Schlepptau losrast und nicht nur bei Ihnen Ängste auslöst. Wichtig ist, dass Sie den richtigen Gebrauch des Halfters in einer Hundeschule oder einem Verein üben.

Lassen Sie nie ein kleines Kind, auch nicht das eigene (!) mit Ihrem Großen an der Leine losmarschieren, auch wenn das noch so niedlich aussieht, das Kind sich noch so stolz fühlt und Ihr Hund noch so zuverlässig ist.

Es gibt auch beim gutmütigsten, bedächtigsten, besterzogenen Hund Situationen, in denen er vergisst, dass er ein Kind an der Leine hat, und plötzlich losläuft. Oft lässt das Kind vor Schreck die Leine nicht los, oder es hat sie sogar ums Handgelenk gewickelt, und es wird vom Hund mitgeschleift. Ganz schlimm kann es ausgehen, wenn der Hund auf die Straße läuft.

Legen Sie Ihren Großen nicht direkt vor einer Ladentür ab, schon gar nicht ohne Leine, auch wenn er den Befehl „Platz, warte!" zuverlässig befolgt. So ein Berg von Hund wirkt auf Fremde oft wie eine unüberwindliche Barriere. *Wir* wissen, dass unser Hund ein ganz freundlicher, zuverlässiger ist (wissen wir es wirklich?), aber die anderen wissen das nicht, sie können es auch gar nicht wissen, denn die verschiedenen Rassen sind sehr unterschiedlich im Ausdruck und Verhalten, und oft wirken auf Hundeunerfahrene gerade die Friedlichsten am bedrohlichsten.

Unser Eurasier ist ein heller Wuschelhund und hat ein „lächelndes" Gesicht. Er ist ein ernsthafter Typ, kommt aber durch sein freundliches, teddyhaftes Erscheinungsbild gut an.

Seine Freundin Antje dagegen, ein Labrador und eine Seele von einem Hund, extrem harmlos im Umgang mit Mensch und Tier, ist kohlrabenschwarz, kurzhaarig und wendig, und das macht offenbar vielen Menschen Angst; leider wird sie von unerfahrenen Menschen, die sich mit den Rassen nicht auskennen, in letzter Zeit manchmal für einen Kampfhund gehalten. Schwarz, kurzhaarig, kraftvoll, breitköpfig, temperamentvoll – das reicht schon für diese Einschätzung.

Bei der Reaktion auf Hunde ist offenbar in erster Linie das Gefühl beteiligt, und das lässt sich durch Informationen nicht so schnell ändern. Krankhafte Ängste, so genannte Phobien, baut man auch nicht durch Appelle an die Vernunft oder gar durch Vorwürfe ab; hilfreich kann da vor allem eine vorsichtige Gewöhnung sein.

Für Hundenarren ist es nur schwer verständlich, dass manchem Mitmenschen der kalte Angstschweiß ausbricht, wenn ihm auf dem Fußweg ein großer Hund entgegenkommt. Andere erschauern, wenn sie Fellfühlung mit einem Hund haben, von einem Kontakt mit einer kalten, nassen Hundenase ganz zu schweigen! Nach meinen Erfahrungen wirken auf ängstliche Menschen ruhige Hunde, deren Bewegungen berechenbar erscheinen, nicht so bedrohlich wie die lebhaften.

Im Interesse unserer Umwelt – und damit letztlich unseren Hunden zuliebe – gehören große Hunde an Treffpunkten vieler Menschen (Fußgängerzonen, Sportveranstaltungen, Geschäfte, Bahnhöfe, Stadtparks an Sonntagen usw.) grundsätzlich an die Leine, und zwar an eine „richtige". Bissige Hunde gehören dort überhaupt nicht hin, und wenn sie doch mitgenommen werden, müssen sie einen Maulkorb tragen, der die Umwelt sichert und ihnen das Hecheln noch ermöglicht.

Viele Hundebesitzer finden es toll, wenn ihr Hund zuverlässig an ihrer linken Seite „bei Fuß" geht, ganz ohne Leine, nur gehalten durch die Kraft des Befehls. Wer allerdings das Bei-Fuß-Gehen ohne Leine mit seinem Hund schon trainiert hat, der weiß, wie schnell ein unvorhergesehener Umweltreiz den Hund von seiner Seite weglocken kann. Selbst Polizisten führen ihre ausgebildeten Diensthunde an der Leine neben sich und lassen sie nur kurzzeitig los, etwa um jemanden zu stellen. Die Hundehalter, die ihren großen Hund gern an der „Befehlsleine" zwischen anderen Menschen durchlotsen, sollten sich einmal überlegen, ob sie das vielleicht nur tun, weil sie

dabei eine gute Figur machen und ihre Macht demonstrieren können. Einen Hund, der gut bei Fuß geht, können wir ohne Nachteil für uns und ihn an die lockere Leine nehmen, und unsere Mitmenschen haben ein sicheres Zeichen, dass der Hund „fest" ist. Mir jedenfalls ist ein Löwe hinter Gittern auf alle Fälle lieber als einer, der mir frei begegnet, an seinen Besitzer nur durch „Befehlsgewalt" gebunden. (Richtig lieb ist mir ein Löwe allerdings nur als freier Wilder in seiner Heimat!)

Viele Gehorsamsübungen lernen sich in der Gruppe auf einem Übungsplatz leichter. Suchen Sie sich aber sorgfältig einen aus, wo Ihr Hund nicht scharf oder zur Schnecke gemacht wird. Klare, verbindliche Richtlinien für „Hundelehrer" gibt es zur Zeit noch nicht und eine Hundeschule kann praktisch jeder betreiben.

▶ Der Wächtertyp

Die Eigenschaft des Beschützens, Bewachens, wurde von den Menschen lange Zeit sehr gefördert. Es gab genug einsam gelegene Bauernhöfe, Landhäuser und ähnliche Anwesen, die nach einem zuverlässigen Wächter verlangten.

„Spitz pass auf!" heißt ein Spiel. Die Spitze sind wirklich die geborenen Aufpasser. Ein typischer Wolfsspitz bleibt auch ohne Zaun auf seinem Besitz, in dessen Bewachung er seine Lebensaufgabe sieht. Meistens jedenfalls! Dem Lockduft einer heißen Hündin kann auch ein Wolfsspitzrüde nicht widerstehen und läuft dafür meilenweit ...

Viele Schäfer- bzw. Hütehunde und Terrier haben ebenfalls Wächterqualitäten. Rassen, die früher andere Aufgaben erledigt haben, übernehmen inzwischen auch das „Wächter spielen", sozusagen als eine Art Ersatzjob, weil sie unter einem Mangel an Aufgaben leiden. Je natürlicher, wolfsnäher, eine Rasse ist, um so mehr liegen in ihren Genen auch Vorsicht und Misstrauen begründet. Ein gutgläubiger Wolf ohne Gespür für Gefahren war allzu schnell ein toter Wolf, folglich konnte er seine Gene auch nicht weiter geben ... Angst im richtigen Augenblick war oft lebensrettend. Übersteigerte Wachsamkeit ist kein Indiz für Selbstsicherheit, sondern für ein vorausdenkendes Empfinden für mögliche Gefahren. Rassen, die schon lange auf das „Lieb-und-artig-Sein" und auf Dauerverspieltheit hin selektiert worden sind, zeigen dagegen oft ein sehr gering ausgeprägtes Gefahrengefühl und wirken deshalb gutmütig und naiv.

Der Schäferhund, ein hellwacher, gelassener Beobachter. Ihm entgeht nichts.

Bei Ihren Vorüberlegungen zum Hundekauf sollten Sie sich darüber Gedanken machen, ob so ein ernsthafter Aufpassertyp der richtige Hund für Sie ist, und vor allem auch für die Umwelt, in der Sie leben. Unser Eurasier Basko, ein typischer Wächter, lässt schon seine Furcht einflößende Donnerstimme ertönen, wenn er nur ein ungewöhnliches Geräusch oder eine unklare Aktion um unser Grundstück herum beobachtet. Und ihm entgeht kaum etwas. Während seiner Junghundzeit hätte er sich im Bereich seines Zuhauses am liebsten auf jeden Fremden, sei es nun Mensch oder Hund, gestürzt.

Viel öfter als Einbrecher und bedrohliche Hunde kommen in den Normalhaushalt aber andere, harmlose Menschen, die uns durchaus willkommen sind. Die geborenen Aufpasser sehen das anders. Wenn es nach ihnen ginge, würden sie gar keinen Fremden hereinlassen. Es braucht deshalb einiges an Erziehung, damit sie lernen, sich zurückzuhalten.

Wenn Sie als Besitzer eines solchen Hundes diesen Erziehungsschritt nicht bewältigen – und so ergeht es vielen – kann es passieren, dass sich die Zahl Ihrer Freunde schnell verkleinert, oder Sie müssen Ihren Hund bei jedem Klingeln wegsperren und in Kauf nehmen, dass er immer wütender auf jeden „Eindringling" wird und ausdauernd hinter der Tür seines Gefängnisses Krach macht und große Kraftanstrengungen unternimmt, sich durch die Tür zu kratzen und zu nagen. Um das zu vermeiden, muss von klein an ein Schwerpunkt der Erziehung darauf liegen, ihm den von uns gewünschten Umgangston mit Fremden, die zu uns kommen, beizubringen. Schließlich sind wir die Teamchefs, die bestimmen, wo's lang geht.

Im neutralen Spaziergehgelände benehmen sich die Wächter unterschiedlich. Manche verspielten Rassen sind durchaus kontaktfreudig, insbesondere in ihrer Junghundzeit, andere tragen ein deutliches Misstrauen gegen alle Fremden von der Welpenzeit an in sich und weichen engen Kontakten aus. Sie wirken deshalb von klein an gut erzogen, obwohl sie sich aus einer angeborenen Vorsicht heraus so

Zu zweit hinterm Tor, das macht stark. Diesem Rottweiler-Team sollte man nicht in die Quere kommen.

verhalten. Wenn Sie sich allerdings auf eine Parkbank setzen, bei Ihrem Auto stehen, einen Kinderwagen mithaben oder irgend etwas, was Ihr Wächter als Besitz betrachtet, dann wird er sofort zum entschlossenen und ernstzunehmenden Aufpasser.

Als wir unseren Basko noch nicht lange hatten, erwischte es uns in einer kleinen überfüllten Kaffeestube beim Morsum-Kliff auf Sylt. Der kalte Wind und der Regen hatten in vielen Spaziergängern das Bedürfnis geweckt, sich bei Kaffee und Kuchen aufzuwärmen. Unsere ganze Familie samt Großeltern saß um ein winziges Bistro-Tischchen gedrängt. Junghund Basko und unsere alte Boston-Terrierhündin Beauty schliefen (?!) friedlich unter dem Tisch. Die zwölfjährige Beauty war ein Routinier in Sachen Gaststättenbesuch und sie hatte sich bis jetzt immer gut, d.h. unauffällig benommen. Ja, und plötzlich hüpfte unser Tisch, die Tassen und Teller flogen durch die Gegend, und der ganze Raum war mit ohrenbetäubendem Krach erfüllt: Basko hatte einen winzigen Westie entdeckt, der es gewagt hatte, mit seinen Leuten in die Nähe unseres Tisches zu kommen. Wie eine Furie war er mit Donnergetöse dem kleinen weißen Terrier entgegengestürzt, soweit die Leine reichte. Beauty, die gar nicht wusste, warum er sich so aufregte, bellte und wütete eifrig mit. Ein Boston-Terrier macht immer gern mit, wenn irgendwo etwas los ist! Die Westie-Besitzer nahmen ihren Kleinen ängstlich auf den Arm. Was die anderen dachten und äußerten, bekam ich kaum mit, weil mein Vater, ein sehr sozial und rücksichtsvoll eingestellter Mann, wütend und entschlossen bekundete: „Mit diesem Hund gehe ich nie wieder in eine Gaststätte!"

Dieses Ereignis macht deutlich, in welchen Situationen der Besitzer des Wächters gefordert ist, wenn er seine Umwelt nicht erschrecken und in Gefahr bringen will. Genauso vehement möchte der Wächter sein Auto, seinen Garten und – häufig aus unserer Sicht völlig grundlos – seine Menschen beschützen.

Wenn wir ehrlich sind, müssen wir eingestehen, dass wir das „Wächtern" unseres Hundes häufig nicht gebrauchen können, es uns aber doch irgendwie auch gewünscht haben, weil es so ein beruhigendes Gefühl von Sicherheit gibt, wenn jemand verlässlich auf einen aufpasst. Oft ist man sich beim Kauf eines Wächters nicht bewusst, dass man die Eigenschaft des Wachsamseins nicht nach Bedarf ein- und ausschalten kann.

Im schlimmsten Fall, wenn wir uns einen Alpha-Rüden ins Haus geholt haben (das ist einer, der gerne das Sagen hat) oder einen angstneurotischen Aufpasser und/oder unsere Erziehung ohne die rechte Konsequenz verläuft, unser Teamchefsessel also wackelt, wird er sogar versuchen, wichtigen Besitz gegen uns selbst oder Familienmitglieder zu verteidigen: Dann kann es passieren, dass er uns nicht mehr ins eigene Auto steigen lässt, wenn er schon vorher drin ist; dass er unseren (für ihn rangniederen?) Partner nicht mehr ins Wohnzimmer lässt, wenn er mit uns, seinem Lieblingsmenschen, schon gemütlich fernsieht, dass er unser Kind nicht mehr an seinen Ranzen heran lässt, dass er insbesondere bei Dunkelheit nicht mehr auf uns hört und keinen Fremden mehr aufs Grundstück lässt ...

Wenn Sie Besuch erwarten, sollten Sie schon mit Ihrem jungen Hund mit allen Zeichen der Vorfreude darüber sprechen: „Gleich kommt der gute Schornsteinfeger, fein!" Am besten benutzen Sie die selben Worte, mit denen Sie ihn auch über die erwartete Rückkehr eines geliebten Familienmitglieds informieren. Aufgeregt wird er dann mit Ihnen warten.

Richten Sie es so ein, dass in dieser ersten Übezeit möglichst Hundeerfahrene Leute die angekündigten Besucher sind. Denen können Sie Ihren kleinen Möchtegernwächter unbesorgt entgegenlaufen lassen. Die eingeweihten Gäste werden ihn freundlich begrüßen und ihm vielleicht sogar etwas Leckeres mitbringen. Ganz selbstverständlich werden sie mit ihm reingehen, und er wird sie lassen. Ziel ist, dass der junge Hund mit jedem Ankömmling gute Erfahrungen macht und die Möglichkeit zu ungehindertem Kontakt zu den fremden Besuchern hat.

Ein mögliches Knurren des Kleinen sollte man nicht ernst nehmen. Ein „Nein" kann ihn zwar informieren, ansonsten sollte aber die lockere Begrüßung weitergehen. Wenn wir anfangen, mit ihm zu meckern, vergeht ihm die sowieso schon geringe Freude am Besuch schnell wieder ganz, und wir verstärken sein unerwünschtes Verhalten unabsichtlich; er soll ja gerade spüren, dass eine gute Atmosphäre herrscht, wenn es an der Tür klingelt und jemand reingelassen wird, und dass es für ihn etwas Gutes gibt.

Als wir unseren Eurasierwelpen bekamen, wussten wir, dass in dieser Rasse Wächterblut fließt und sie fremdabweisend sein soll. „Fremdabweisend", diese Eigenschaft stand damals noch als erwünschte Eigenschaft in der Rassebeschreibung. Heute dürfte das bei keinem Hund, der sich mit seinem Menschen in der Öffentlichkeit bewegt, angestrebt werden. Der öffentliche Hund sollte ein aufgeschlossener Hund sein. Wie wäre es, in die Zuchtziele aller Rassen verbindlich das Wort *fremdverträglich* aufzunehmen?

Da wir Wachsamkeit und Misstrauen bei unserem Hund nur in gemäßigtem Ausmaß wollten, haben wir von klein an versucht, seine vor-

Dieser Eurasier fixiert eine suspekte Person, erregt atmet er durch den halb geöffneten Mund. Viele Eurasier sind Wächtertypen.

meine Hand anfangs immer neben der Kinderhand in seinem Fell, um ihm ganz eindeutig zu vermitteln, was ich von ihm erwartete. Schon nach wenigen Wochen konnte Basko mit Fremden viel sicherer und dadurch freundlicher umgehen. Ein Hund, der zu jedem freudig hingeht, ist er deshalb noch lange nicht geworden, aber er gerät auch nicht aus der Fassung (jedenfalls nicht mehr so schnell!), wenn er zwischen vielen fremden Menschen steht und einer spontan nach ihm fasst. Allerdings braucht dieser sensible Hund auch heute noch manchmal unseren Schutz vor der Umwelt, die für ihn schnell Stress bedeutet.

Wir alle leben nicht mehr als Einsiedler. Unser Hund muss es einfach abkönnen, dass ihn unerwartet ein fremdes Kind streichelt oder dass er im Menschengedrängel geschubst oder gar getreten wird, ohne die Nerven zu verlieren. Die generell menschenvertrauenden Kontakthunde können das sowieso, die anderen müssen es lernen! Sonst dürfen sie sich mit ihren Menschen nur unter verstärkten Sicherheitsvorkehrungen in der Öffentlichkeit bewegen!

Einen misstrauischen Hund darf man nicht vor einem Geschäft anleinen und alleine lassen. Wenn er nicht ausweichen kann, schnappt er leicht zu und das kann für kleine Kinder böse ausgehen. Die dürfen in Fußgängerzonen zum Glück „frei herum laufen" und da kann es passieren, dass sie auf einmal spontan den „süßen Hund" streicheln und vergessen, was sie schon wissen, dass sie nämlich fremde Hunde nicht streicheln sollen. Kleine Kinder sind keine vernünftigen

handene Zurückhaltung (Angst?) vor fremden Menschen abzubauen.

Vor unserer Haustür wurde damals eine U-Bahnstrecke gebaut. Zu Zeiten, wenn die Bauarbeiter Pause hatten und ihren Bauwagen ansteuerten, machten Basko und ich unsere Kontakt-Tour. Viele dieser Arbeiter hatten eine selbstverständliche, natürliche Art, Basko anzusprechen und spontan zu streicheln. Ängstliche Reaktionen beachteten sie nicht weiter. Andere Kontakttouren führten uns morgens vor Schulbeginn in die Nähe von Schulen und ich suchte Gespräche mit Schulkindern und war froh, wenn welche Basko streicheln wollten. Ich hatte

Erwachsenen im Miniformat, es sind spontane kleine Menschen, die das Recht haben, nicht immer nur folgsam zu sein. Deshalb dürfen wir nur belastbare, sehr freundliche Hunde ohne Aufsicht vor Geschäften lassen.

Aber zurück zu unserem Jungwächter, der lernen soll, Fremde reinzulassen. Für ihn ist das Vertraut-Machen mit fremden Menschen außerhalb der eigenen vier Wände eine Hilfe bei dem Versuch, ihm beizubringen, sich auf Besucher zu freuen. Entscheidend ist, dass er das lernt, solange er noch klein ist und harmlos aussieht, denn nur so lange können wir ihn auf Besucher loslassen, ohne rücksichtslos zu sein.

Haben wir in dieser Phase durch positive Konditionierung nicht erreicht, dass der Junghund zuverlässig freundlich auf unbekannte Besucher reagiert, müssen wir unsere Erziehungsstrategie ändern: Wir sollten ihn zwar weiterhin in erwartungsvoll-frohem Ton auf Ankömmlinge vorbereiten; wenn es dann schließlich klingelt, dürfen wir ihn nicht mehr einfach lossausen lassen. Wir veranlassen ihn, etwas entfernt von der Tür (aber so, dass er den Besucher sehen kann) „Platz, warte!" zu machen. Wenn der Besucher eingetreten ist, sollten wir den Hund dazurufen, aber immer in Hab-Acht-Stellung und bereit, ihn am Nacken zu packen, falls er anfängt zu knurren, und ihm mit energischen „Basko, pfui ist das!" deutlich zu machen, dass wir sein Verhalten missbilligen. Sinnvoll ist es, ihn auf seinen Platz zu schicken.

Wenn der Hund groß und bedrohlich aussieht und eine echte Gefahr von ihm ausgehen kann, ist es nicht mehr locker und entspannt möglich, ihn an Fremde zu gewöhnen. Die Freude an Besuchern wird man dem Wächter nur noch schwer beibringen können, aber er kann lernen, Abstand zu halten. An Fremde, die nur bis an die Haustür kommen (Briefträger, Zeitungsjunge), lassen wir ihn am besten gar nicht mehr heran, er kann sie ja von seinem Platz aus sehen.

Wichtig ist, dass die Besucher wissen, dass sie zum Rückzugsort des Hundes Abstand halten müssen. Würden sie auf den Gedanken kommen, den artigen Hund in seinem Korb zu streicheln, könnte das schlimme Folgen haben.

Für Besucher ist es kein gutes Gefühl, wenn sie die negative Einstellung des Hundes ihnen gegenüber erkennen. Sie können sich in der Wohnung kaum noch unbefangen bewegen. Deshalb sollte vordringliches Ziel sein, den Hund Besuchern gegenüber freundlich einzustimmen, damit sich beide Seiten in unserer Wohnung frei bewegen können, auch wenn wir mal in der Küche sind und Besuch und Hund alleine im Wohnzimmer.

Wenn unser Jungwächter Besucher freundlich reinlässt, ist das allerdings erst ein Teilerfolg. Der Wachtrieb kann ihn in einigen Situationen doch noch überkommen: Vielleicht begleitet er Ihren Besuch freundlich bis zur Toilettentür, wartet dann gespannt davor ... und stellt ihn mit grimmiger Drohhaltung, wenn dieser erleichtert das stille Örtchen wieder verlässt.

Ein hundeerfahrener Klogänger wird das Problem meistern, indem er unbeeindruckt weitergeht, vielleicht mit einem ruhigen, gleichzeitig beruhigenden „Basko, was soll denn das!" oder „Nein, Basko, lass das!" Ist der Klogänger aber ängstlicher Natur, sollten Sie – in der Stille wirkend – eingreifen, damit Ihr kleiner Wächter nicht erst merkt, wie prima er mit seinem Drohverhalten Leute erschrecken kann, denn solche Erfolgserlebnisse würden genau das Verhalten verstärken, das abgebaut werden soll.

Günstig ist diese Strategie: Folgen Sie Klogänger und Jungwächter unauffällig. Während Ihr Hund vor der Klotür wartet, erzählen Sie ihm, dass der gute Onkel Max gleich wiederkommt. Und Sie fragen ihn: „Ja, wo ist denn der gute Onkel Max?" So beeinflusst wird Ihr Kleiner – hoffentlich – in nunmehr freudiger Erwartung in Richtung Klotür wedeln. Wenn diese sich dann endlich öffnet, kommen Sie „ganz zufällig" vorbei und bekunden Ihrem Hund Ihre Freude: „Ja, da ist ja der gute Onkel Max, fein!" Wenn Ihr Kleiner immer noch zwiespältige Gefühle zeigen sollte, können Sie ihn noch zusätzlich mit einem Kaustäbchen o.ä. positiv stimmen, das er dann stolz mit ins Wohnzimmer schleppen wird. Noch eindrucksvoller ist es für den Hund, wenn die Klogänger ihm leckere Sachen mit herausbringen; aber nicht jeder Besucher füttert gern einen fremden Hund. Auch diese positive Konditionierung können Sie nur beim sehr jungen, „niedlichen" Hund einüben. Keinem Fremden sollte man solch eine Belagerung durch einen erwachsenen Hund zumuten.

Wenn es nicht gelingt, den Hund durch positive Verstärkung zu freundlichen Gefühlen gegenüber Fremden zu bringen, dann hilft es leider nichts: man muss mit seiner ablehnenden Einstellung leben und ihn durch eindeutige Befehle vom Ausleben seiner Aggressionen abhalten. Wenn er Befehle nicht zuverlässig befolgt, muss er leider eingesperrt werden, auch wenn das seine Abneigung gegen die Fremden verstärkt. Denken Sie bei Ihren Erziehungsbemühungen immer daran: Sie wollten einen Wächter, und er meint es nur gut. Sie müssen entweder seine Gefühle verändern oder ihm deutlich machen, was er nicht darf.

Handwerker sind für den heranwachsenden Hund oft schon dadurch unheimlich, dass sie nicht wie normale Menschen aussehen (siehe auch Seite 41), wenn sie z.B. eine riesige Teppichrolle schleppen. Außerdem riechen sie oft suspekt nach allen möglichen chemischen Stoffen. Verstehen Sie also das Unbehagen Ihres Hundes. Wenn die Handwerker einverstanden sind – aber auch nur dann –, lassen Sie den Jungwächter schnuppern und zugucken. Dabei unterstützen Sie ihn wieder, wie schon beschrieben: „Ja, fein, das sind doch gute Leute, Basko!"

Haben die Handwerker Angst, dann nehmen Sie den Hund an die lockere Leine und lassen ihn in Abstand „Sitz" machen. So bieten Sie den Handwerkern das Maß an Sicherheitsgefühl, das sie brauchen, und dem Hund soviel Kontakt und Neugierbefriedigung wie möglich. Aber Vorsicht: Eine straffe Leine engt den Wächter einerseits ein und macht ihn gleichzeitig stark und angriffslustig, weil er sich mit Ihnen eng verbunden und von Ihnen unterstützt fühlt. Die Leine ist ein besonders starker Auslöser für übersteigertes Aggressionsverhalten, oft ist es Angstaggression. Wenn er also nicht folgsam an lockerer Leine „Sitz" praktiziert (Ihre Erziehung in diesem Bereich bisher also leider erfolglos war), dann bringt das Zugucken an straffer Leine nur Nachteile. In diesem Fall ist es besser, den Hund mit freundlichen Worten und einem leckeren Kauknochen in ein anderes Zimmer zu befördern, und zwar schon bevor er die Fremden bedroht. Am besten ist es, wenn Sie oder ein anderes Familienmitglied mit ihm dort bleiben können. Er soll sich ja auf keinen Fall bestraft und ausgeschlossen fühlen. Sie merken, es geht wieder darum, den Hund positiv zu stimmen, damit er mit dieser Art von Eindringlingen keine negativen Erfahrungen verbindet, denn dann würde er sie noch unsympathischer finden.

Das heißt nicht, dass Sie einem unsicheren, hundeunerfahrenen Bekannten nicht mal einen Tipp geben dürfen. Entscheidend ist aber, dass Ihr Hund eine Erziehung durchläuft, die ihn befähigt, mit anderen Menschen gut auszukommen, auch wenn die sich seiner Meinung nach sonderbar aufführen. Übrigens, Hunde sind meistens lernbereiter als Menschen!

Überkommt Sie schon mehr und mehr die Befürchtung, dass Ihr Wächter aus Veranlagung inzwischen zu einem Einbrecherfreund aus Erziehung geworden ist? Da können Sie ganz beruhigt sein. Wenn Sie nicht dabei sind, er also allein die Verantwortung trägt, wird er als entschlossener Bewacher auftreten, der nicht zu unterschätzen ist. Er spürt den Unterschied zwischen einem Besucher, der von Ihnen freundlich hereingelassen wird, und einem ungebetenen Gast, der einfach so reinkommt, womöglich noch durchs eben eingeschlagene Fenster. Schon wenn ein Fremder nicht, wie gewohnt, durch die Eingangstür kommt, sondern plötzlich von hinten durch den Garten über die Terrasse zur Terrassentür gelangt, bedeutet das für den Wächter Alarm. Aus seiner Sicht hat er ja Recht.

Um seine Fähigkeiten im Ernstfall ausnutzen zu können, lassen Sie ihm bitte, wenn er alleine zu Hause ist, Zutritt zu allen Räumen. Es ist wirklich vorgekommen, dass ein Gastwirt in seiner Küche von einem Einbrecher

> ### Wir sind gefordert!
>
> Beobachten Sie sich bitte einmal selbst: Geben Sie Ihren Mitmenschen häufig Ratschläge, wie Ihr Hund zu behandeln ist? Besser ist es, Ihr Hund lernt die verschiedenartigen Verhaltensweisen von Menschen kennen und macht die Erfahrung, dass er nichts zu fürchten hat. Anders gesagt: Erziehen Sie in erster Linie Ihren Hund, nicht Ihre Mitmenschen! Es darf nicht dahin führen, dass jeder Mensch, der mit Ihrem Hund auskommen will, einen Erziehungskurs absolvieren muss.

erschlagen wurde, während die beiden mannscharfen abgerichteten Schäferhunde gehorsam vor der geöffneten (!) Küchentür verharrten und ihm nicht zu Hilfe kamen. Sie hatten gelernt, dass die Küche für sie absolut tabu war.

Ganz am Rande: Unser Basko hat viele Jahre lang jede Nacht aufgepasst und auf Einbrecher gewartet. Dabei gab es so manchen Fehlalarm, der uns aus den Betten geholt hat, und als die Einbrecher dann im letzten Jahr „endlich" kamen, hat er sie verschlafen, weil er inzwischen fast taub ist ... Wir waren alle im Haus und haben sie auch nicht gehört, obwohl alle Türen innerhalb des Hauses offen waren.

Wenn Sie in einem Mehrfamilienhaus wohnen, sollten Sie im Interesse der Mitbewohner Ihrem Wächter nicht erlauben anzuschlagen, also zu bellen, wenn es bei Ihnen klingelt. Wächtertypen neigen sowieso dazu, mehr zu bellen, als einem lieb ist.

Unterbinden Sie auf alle Fälle, dass sich Ihr Hund hinter seinem Gartenzaun als wilde Bestie aufspielt und jeden Vorübergehenden anbellt. Es ist ein Schreck für jeden Ahnungslosen, wenn plötzlich dicht neben ihm ein Untier mit viel Lärm gegen den Zaun springt. Sie selbst wissen, wie haltbar Ihr Zaun ist (er ist doch hoffentlich haltbar?), der Passant weiß es nicht; deshalb muss er befürchten, dass sich der Hund gleich auf ihn stürzt. Nur Hundeerfahrene wissen, dass es gerade der Zaun ist, der den Hund so stark macht, und dass er in der Regel gar nicht raus will. Wenn der Hund diese lustbringende Betätigung einmal lieben gelernt hat, ist es sehr schwer, sie ihm wieder abzugewöhnen. Deshalb: Wehret den Anfängen!

Lassen Sie den Jungwächter nicht unbeaufsichtigt im Garten, sonst ergeht es Ihnen so: Sie brutzeln in der Küche gerade Gemüse an, da hören Sie im Garten seine noch kleine Wächterstimme. Sofort sausen Sie in bester Erziehungsabsicht nach draußen und rufen ihn. Sie haben Glück. Er kommt aufgekratzt und befriedigt angesaust. Und was nun? Natürlich, Sie loben ihn, weil er so brav gekommen ist. Etwas anderes dürfen Sie gar nicht tun, denn er ist ja auf Ihren Ruf hin erschienen. Wenn Sie jetzt mit ihm schimpfen, lernt er: Bloß nicht hingehen, wenn meine Leute rufen, sonst reagieren sie wütend. Inzwischen ist übrigens auch Ihr Gemüse angebrannt!

Ich habe mich bei der Erziehung unseres Basko recht dusselig angestellt und ihn immer zu mir gerufen, wenn er am Zaun gebellt hat, und dann habe ich ihn gelobt. Durch diese – falsche – Erziehungsmaßnahme hat er es sich nicht abgewöhnt, Rüden am Zaun fürchterlich anzubellen, aber er kommt nach jeder „Motzerei" ungerufen bei mir an, strahlt über sein ganzes hechelndes Hundegesicht und lässt sich loben. Schließlich habe ich ihm doch beigebracht: „Nach dem Bellen musst du zu mir kommen, dann lobe ich dich, und wir sind beide froh."

Zum Glück zeigt Basko dieses unerwünschte Verhalten nur bei einigen in etwa gleichgroßen Rüden aus der Nachbarschaft, die ihrerseits jeden Tag voller Vorfreude unseren Zaun ansteuern und auf ihrer Zaunseite eifrig „mitmischen". Wer gibt nicht gerne einmal so richtig mit seiner Stärke an im Bewusstsein, sie nicht beweisen zu müssen? Bei vorübergehenden Menschen hält Basko zum Glück die Schnauze, allerdings aus Bedürfnis, nicht aus Erziehung. Trotzdem haben wir inzwischen unsere Terrasse eingezäunt, so dass unser Wächter nicht mehr an den Außenzaun kann und Ruhe eingekehrt ist.

Wie bringt man das richtige Verhalten dem Hund aber nun bei? Wenn man Passanten vor dem Hund entdeckt und merkt, dass er an den Zaun gehen will, sollte man sein Verhalten zunächst nur beobachten. Es kann sein, dass er aus Neugier hingeht und sich dann wieder zurückzieht, ohne den Mund aufzumachen. Wenn er aber bellt, sollten wir ihn das nächste Mal schon zu uns rufen, bevor er zum Zaun läuft. Wenn wir ihn bei uns haben, können wir ihn entweder durch Spielen ablenken, wenn er noch sehr kindlich ist, oder wir lassen ihn Sitz oder Platz machen, bis die Passanten vorübergegangen sind, und loben ihn danach. Voraussetzung für dieses Vorgehen ist, dass wir mit ihm im Garten sind.

Entwischt er uns trotz unserer Aufmerksamkeit in Richtung Zaun, sollten wir sofort hinter ihm herspurten, ihn uns schnappen und mit einem strengen „Nein, Basko!" fest im Nacken greifen, vom Zaun wegholen und ihn anschließend Gehorsamsübungen machen lassen. Vorsicht ist allerdings beim Hinterherrennen aus Erziehungsgründen geboten, wenn unser Junghund ein wendiges, verspieltes Kerlchen ist. Er wird nämlich – leider – schnell lernen, dass er daraus ein ganz tolles Fangspiel machen kann, bei dem wir ungeschickten Menschen kaum eine Chance haben, ihn zu erwischen und zu gewinnen. Wenn der schlaue Kleine unseren ernsthaften Erziehungsversuch so zum heiteren Spiel

umfunktioniert, ist das aus seiner Sicht o.k., und wir müssen lernen, dass wir ihn durch Hinterherrennen nicht erziehen können, sondern unerwünschtes Verhalten provozieren.

Eine Möglichkeit ist auch, den Hund an einer dünnen, für ihn zunächst unmerklichen Leine zu haben. Wenn er dann gegen unseren Befehl zum Zaun rennt, können wir ihn mit einem kräftigen Ruck stoppen und ihm so unseren langen Arm beweisen. Bei manchen Hunden wirken auch die schon erwähnten Disc-Schellen, die man ihnen vor die Pfoten wirft, wenn sie gegen unseren Befehl in Richtung Zaun lospurten. Der richtige Moment zum Wurf ist der, in dem der Hund gerade losrasen möchte.

Kommt er irritiert zu Ihnen zurück, wird er natürlich ausgiebig gelobt und bekommt ein Leckerli. Sie können den Hund nur dann im richtigen Moment beeinflussen, wenn Sie während der Lernphase viel Zeit in Habachtstellung im Garten verbringen, denn Sie müssen sekundenschnell reagieren können. Unkraut sollten Sie deshalb nebenbei nicht jäten.

Vergessen Sie bitte nie, wenn Sie mit Ihrem – aus Bedürfnis oder Erzie-

Lernziele für den Wächter

Für ein friedliches Zusammenleben mit Ihrem Hund in den verschiedensten Situationen ist es wichtig, dass er fremde Menschen am Zaun und an der Haustür zumindest toleriert und all die Leute in der Wohnung akzeptiert, die Sie freiwillig reinlassen. Das können Spielgefährten Ihrer Kinder sein, Arbeitskollegen, Handwerker, der Notarzt usw.

hung – friedlichen Hund an die Haustür gehen, dass viele Menschen berechtigte Angst vor Ihrem Hund haben, deshalb nehmen Sie ihn zunächst am Halsband. (Wenn er seine Erziehungsphase erfolgreich hinter sich hat, muss er das aushalten, ohne aggressiv zu reagieren!) Zu sagen: „Der tut nichts!" ist als Beruhigung zu wenig.

Wenn Sie an Ihrer Haustür oder am Zaun „Vorsicht bissiger Hund" stehen haben, dann ist das wahrscheinlich ein guter Einbrecherschutz, macht aber auch allen fremden Besuchern, die in guter Absicht kommen, Angst. Da zur Zeit die Besitzer gefährlicher Hunde verpflichtet sind, das Schild „Vorsicht! Gefährlicher Hund!" an ihrem Grundstück anzubringen, sollte man sich überlegen, ob man freiwillig ein vergleichbares Schild anbringt.

▸ Der Jägertyp

Der Wolf im Hund zeigt sich in seiner Freude am Hetzen und Packen von echter Beute und Ersatzbeute unterschiedlicher Art.

Fast in jedem Hund steckt eine Portion Jagdlust: Der eine jagt, Spurlaut gebend, im Zickzack durch den Wald, der andere fährt in jede Röhre ein, einer gräbt gierig Mäusenester aus, der andere springt Mäuse und Maulwürfe mit dem gekonnten Mäusesprung seiner Ahnen tot. Einer hetzt jeder Taube nach, der andere schwimmt nicht mehr abrufbar hinter Enten her, einer ist ein typischer Sichtjäger, der ausrastet, wenn er einen Hasen, ein Reh oder ein Schaf sichtet, und hetzt hinterher. Manch gut erzogener Stadthund rennt plötzlich über die Straße, wenn er drüben eine Katze entdeckt, andere wiederum hüpfen auf den Hinterbeinen um Bäume herum, auf denen sie ein Eichhörnchen gesichtet haben, und machen verzweifelte Versuche, endlich das Klettern zu erlernen. Nur wenigen Hunden ist die überlebenswichtige Lust ihrer wölfischen Vorfahren, Beute zu machen, abhanden gekommen. Allerdings variiert die Ernsthaftigkeit beim Jagdeinsatz sehr stark: Hunde, die von ihrer Wesensstruktur „Dauerkinder" sind, spielen mit lockerer Ausgelassenheit bis ins hohe Alter gern Beutespiele. Hunde von ernsthaftem, „erwachsenen" Wesen gehen im ursprünglichen Sinne des Wortes sehr verbissen vor und gieren auf den „finalen" Biss.

Unsere Hunde sind anpassungsfähige Kerlchen. Wenn es an „jagdba-rem Wild" mangelt, verzweifeln sie nicht, sondern sie halten unternehmungslustig Ausschau nach einer Ersatzbeute. Meist müssen sie nicht lange danach suchen: So ein flinker Jogger bietet sich durchaus dafür an,

Beute schleppen – ein gutes Gefühl. Der große Stock ist fast so gut wie ein erlegtes Wild.

den Hetztrieb – und den Spieltrieb – auszuleben. Besonders reizvoll, weil erfolgreich, wird die Jagd dadurch, dass diese Zweibeiner nicht allzu schnell sind und Freund Hund sie nach kurzem Spurt stellen kann.

Nun hält ihn zwar meistens seine in Jahrtausenden gefestigte friedlich-freundliche Einstellung zu uns Menschen als seinen Sozialpartnern davon ab, den erbeuteten Jogger ernsthaft als Beute zu betrachten und so zu behandeln, aber richtig angebellt wird der gestellte Mensch häufig, und manchmal auch ins Bein gezwickt. Genauso würde der betreffende Hund auch mit seinen Mithunden spielen. So mancher Hund hat keine Lust mehr zum Fangen spielen, nachdem er von seinem Mithund eingeholt und derb am Rücken oder Schwanz gegriffen worden ist, mit den Zähnen natürlich! Hunde haben keine Hände zum Greifen. Und Hunde, die ein gestörtes Verhältnis zu uns Menschen haben und zwischen der Befürchtung schwanken, dass wir ein bedrohlicher Feind sind, und der Hoffnung, dass wir so stark doch nicht sind, beißen auch schon mal richtig zu.

So verständlich dieses Verhalten ist, wenn man aus Hundesicht guckt, so untragbar ist es für die betroffenen Jogger! Fangen Sie nun bitte nicht an, auf die Jogger zu schimpfen oder ihnen Verhaltensmaßregeln zu erteilen wie z.B. „Können Sie nicht mal langsam gehen, wenn Sie einen Hund sehen?!" oder „Stellen Sie sich nicht so an, der will Ihnen gar nichts tun!" oder „Laufen Sie doch woanders!" usw. Wenn solche Äußerungen auch von Ihnen kommen könnten, dann versuchen Sie, Ihre Einstellung zu verändern, und erziehen Sie Ihren Hund, denn bei Ihnen beiden liegt das Problem.

Fangen Sie aber nicht schon bei einem jungen Hund, der sich augenscheinlich gar nicht um den Jogger kümmert, mit der Erziehung an: Reden Sie mit einem Hund, der Jogger nicht interessant findet, am besten gar nicht über dieses Thema, sonst erreichen Sie genau das, was Sie nicht wollen: Sie machen ihn darauf aufmerksam, und er spürt schnell, dass an diesen Typen was dran sein muss. Man kann Probleme auch herbeireden! Wir selbst müssen einfach lernen, dass unser Hund, wenn wir die richtige Rasse für unsere Bedürfnisse und unseren Lebensraum gewählt haben, viele wünschenswerte Verhaltensweisen mitbringt. Er entwickelt sie am besten, wenn wir nicht dauernd auf ihn einwirken in der irrigen Meinung, dass er nur durch uns etwas lernt.

Wenn er aber gierig und unaufhaltsam hinter jedem schnell beweglichen Objekt – sei das ein Jogger, ein rennendes Kind, ein Radfahrer o.ä. – herspringt, dann sind wir gefordert. Ist unser Joggerschreck noch ein Welpe oder Junghund von harmlosem Erscheinungsbild, können wir es wieder mit Ablenkung durch ein lustvolles Spiel versuchen: Wegrennen, mit ihm um die Wette an einem Stöckchen ziehen, also etwas tun, was er noch toller findet, als hinter Joggern herzulaufen. Vielleicht können wir im Spiel sogar dicht am Jogger vorbeigehen, ohne dass der Welpe z.B. das Stöckchen loslässt.

Wenn der Welpe noch alle Kennzeichen des Hundekindes trägt und auch der hundeunerfahrene Jogger erkennen kann, dass er ein Kind ist, können wir riskieren, dass unsere Erziehung im Spiel einmal nicht klappt und der Kleine doch hinterher rennt. Das sollten wir möglichst übersehen. Wenn wir nämlich laut und scharf hinter ihm herrufen, wird er wahrscheinlich nicht gehorchen, und wir riskieren, dass er lernt: „Frauchen ist noch da, ich höre sie ja. Sie scheint genauso aufgeregt zu sein wie ich! Wenn ich nach gehabter Freude wieder zu ihr komme, wird sie sich auch freuen, und alles ist o.k.!"

Und der Jogger merkt natürlich auch, dass wir erfolglos rufen, und bekommt es vielleicht schon deswegen mit der Angst. Kaum etwas ist beängstigender für einen Menschen mit Hundeängsten, als wenn er merkt, dass wir aufgeregt und erfolglos versuchen, unseren Hund zurück zu rufen. Für ihn liegt verständlicherweise die Befürchtung nahe: „Die wollen ihren Hund zurückrufen, weil er bissig ist. Der Hund gehorcht ihnen aber nicht. Gleich wird er mich beißen!"

Wir sollten besser gar nicht erst rufen, wenn wir aus Erfahrung wissen, dass unser Hund nicht in der gewünschten Art reagiert, und ihn laufen lassen und sofort zu dem Jogger hingehen, uns entschuldigen und ihm erklären, dass der Hund noch jung ist und wir uns alle Mühe geben, ihm diese Unsitte, mit Joggern Fangen zu spielen, abzugewöhnen. Schimpfen Sie nicht mit dem Jogger, nur weil Sie sich über Ihren Hund und Ihren erfolglosen Erziehungsversuch ärgern!

Wenn Ihr Hund schon erwachsener und damit bedrohlicher für den Jogger ist – auch wenn er einer kleinen Rasse angehört, die dafür meistens flinker und wendiger ist –, dann müssen Sie konsequent an der Leine üben: Suchen Sie bewusst Jogger-Gebiete auf. Lassen Sie Ihren Hund möglichst an lockerer Leine „Bei Fuß" gehen, sobald ein Jogger auftaucht. Schimpfen Sie möglichst wenig, wenn er hinterher will. Sagen Sie ihm ruhig „Nein, Otto", und versuchen Sie in dieser Situation mit solchen Befehlen bei ihm „durchzukommen", die er in Normalsituationen sicher beherrscht: „Sitz", „Platz", „Bleib" oder was er in dieser Richtung eben kann.

Wenn wir in solchen Konfliktsituationen mit ihm schimpfen, kann es

In die viel zu große Haut müssen diese Kinder erst hineinwachsen. Die Lust auf spielerische Beutekämpfe ist ihnen angeboren.

wieder passieren, dass er lernt: „Immer wenn Jogger auftauchen, schimpfen meine Leute mit mir!" Es ist logisch, dass er Jogger durch diese Erkenntnis nicht sympathischer findet. Deshalb müssen Sie ihm die Möglichkeit geben, in solchen Stress-Situationen, die immer entstehen, wenn Mensch und Hund ganz unterschiedlicher Meinung sind, etwas richtig zu machen, damit Sie ihn loben können. Und Sie müssen, da Sie ja Vorbildfunktion für Ihren Hund haben, die Ruhe bewahren. Er orientiert sich nicht nur an unseren Worten, sondern an unserem ganzen Verhalten. Gelingt es Ihnen nicht, seine Aufmerksamkeit im Angesicht des Joggers auf sich zu lenken, dann kann auch hier das schon erwähnte Kopfhalfter helfen. Sie dürfen es nur zusammen mit dem normalen Halsband und mit kurzer Leine benutzen!

Wenn Sie den Eindruck gewinnen, dass Ihre Erziehungsarbeit Erfolg zeigt, testen Sie zuerst an einer langen, dünnen, möglichst unauffälligen Leine (Synthetik-Schnur). Denn viele Hunde „vergessen" schnell, was sie gelernt haben, wenn sie weiter von ihrem Besitzer entfernt sind und sich frei fühlen. Und gerade bei schwierigen Übungen sollten wir durch die Leine unseren „langen Arm" beweisen können, indem wir den Hund mit einem deutlichen Ruck in seinem Lauf stoppen, wenn er auf unseren Befehl nicht reagiert. Wenn er – durch den entschlossenen Ruck unmissverständlich aufgefordert – zu Ihnen kommt, müssen Sie ihn natürlich loben.

Viele professionelle Ausbilder beweisen den Hunden ihren großen Einflussbereich durch den Einsatz von elektrischen Strafreizen. Zu diesem Zweck gibt es die schon erwähnten Halsbänder, die dem Hund ferngesteuert bei unerwünschtem Verhalten einen Schlag versetzen, der in seiner Stärke reguliert werden kann. Weidetiere werden ja schon lange mit Hilfe von Strom „erzogen". Es ist übrigens gar nicht wichtig, dass der Hund den Strafreiz mit uns in Zusammenhang bringt. Entscheidend ist, dass er lernt: „Meinen Leuten nicht gehorchen tut weh oder ist unangenehm."

Ich halte diese Erziehungsmethode selbst in den Händen von erfahrenen Hundeausbildern für höchst fragwürdig und gefährlich und für den Privathalter für völlig ungeeignet! Panikzustände nach solchen erschreckenden, nicht einzuordnenden plötzlichen Schmerzen sind gar nicht selten, und längst nicht jeder Hund kommt in der gewünschten Weise zu seinem Menschen gelaufen, wenn er einen solchen Stromschlag bekommt. Unser Eurasier ist vor vielen Jahren auf einem Spaziergang beim Schnüffeln mit dem Rücken an den Elektrozaun einer Pferdekoppel geraten und hat genau in dem Moment einen Stromschlag bekommen, als auf der Koppel ein Pferd wieherte. Jedes Wiehern versetzte ihn noch Jahre danach in Panik und er suchte sein Heil in der Flucht. Seine Strategie war: Nur weg! Obwohl

Umgang mit dem „Jäger"

Alle gesunden Hunde rennen gern hinter beweglichen Objekten her, die einen mehr aus Spielfreude, die anderen aus ernsthafter Jagdgier. Die verspielten Typen sind leicht auf geeignete „Ersatzbeute" wie Bälle, Stöcke u.ä. umzuprogrammieren.

wir uns in den Jahren danach viel Mühe gaben, ihn zu desensibilisieren, löste sich das Problem erst, als er stark schwerhörig wurde.

Bei den ernsthaften Jägern muss man sehr vorausschend und vorsichtig sein und oft akzeptieren, dass bei ihnen nicht alles Wünschenswerte auch machbar ist. Solche Hunde gehören in problematischen Situationen rechtzeitig an die Leine! Immer dort, wo unser Hund „Schwachstellen" hat, sind wir als seine Teamchefs gefordert, gut auf ihn aufzupassen, sonst trägt auch unser Hund dazu bei, die Ablehnung gegenüber Hunden zu vergrößern.

▶ **Irritierende Begegnungen**

Hunde beobachten ihre Umwelt genau, und sie lernen schnell, wie Menschen normalerweise aussehen und sich benehmen: Wie sie sprechen und sich bewegen. Vor allem junge Hunde empfinden ungewöhnliche Gestalten oft als unheimlich. Das kann das erste Schulkind mit einem Ranzen auf dem Rücken sein, das ihnen begegnet, oder der erste Schlittenfahrer. Als Basko einmal ein „Ungeheuer" am Straßenrand entdeckte, weigerte er sich entschieden, daran vorbeizugehen, und er wäre trotz Leine fast überfahren worden, weil er plötzlich auf die Straße ausweichen wollte. Es war übrigens „nur" ein altes Jackett, das jemand über einen Straßenpfeiler gehängt hatte.

Zerren Sie Ihren Hund nicht an etwas heran, was ihm Angst macht, und schimpfen Sie nicht mit ihm, trösten Sie ihn aber auch nicht. Nehmen Sie einfach selber Kontakt mit der Ursache seiner Ängste auf. Er wird Ihren Mut bewundern, und die Neu-

gier wird ihn bald auch herankommen lassen. Die nächsten Begegnungen mit ähnlich unheimlichen Gestalten werden ihn viel weniger beunruhigen.

Viele Hunde reagieren sehr verunsichert auf Menschen, die sich ungewöhnlich verhalten. Behinderte mit spastischen Lähmungen z.B. werden von ansonsten friedlichen Hunden häufig angeknurrt und angebellt, vielleicht sogar drohend umkreist: Hunde reagieren oft mit Drohverhalten, wenn sie unsicher sind, nach dem Motto: „Angriff ist die beste Verteidigung".

Es wäre völlig falsch, anzunehmen, dass Hunde eine Abneigung gegen diese Menschen haben. Ihnen fehlt einfach die Erfahrung im Umgang mit ihnen – wie uns häufig auch! Das sollten wir uns klarmachen und vor

Ihn darf nichts aus der Ruhe bringen. Selbst im hektischen, lauten Kaufhausbetrieb arbeitet dieser Blindenführhund verlässlich.

Teamchefin im Eimer. Einen Moment ist sogar ein erfahrener Hund unsicher, wenn sein vertrauter Mensch plötzlich so aussieht.

Begegnung mit schwer behinderten Kindern. Die Irritation über ungewöhnliche Menschen ist von Hundetyp zu Hundetyp ganz sicher verschieden und differiert offenbar auch in den unterschiedlichen Zuchtlinien innerhalb ein- und derselben Rasse.

Hunde, die oft mit Betrunkenen zu tun haben, können sich auch auf dieses veränderte Verhalten einstellen. Freund Hund ist ein lernfähiges Wesen, wir müssen ihm nur von klein an möglichst viele wichtige Lernangebote machen.

Wir sollten immer wieder daran denken: Hunde sind äußerst sensibel und lernbereit. Sie wollen es uns recht machen. Wir müssen sie nur fordern, ohne sie zu überfordern und zu entmutigen. Wenn unser Hund einmal etwas absolut nicht lernen „will", liegt es vielleicht gar nicht an ihm, sondern an unserer Ungeschicklichkeit, ihm unsere Wünsche verständlich zu machen.

allem auch den behinderten Menschen erklären, die durch unseren Hund erschreckt werden. Suchen Sie auf alle Fälle den Kontakt zu den Behinderten. Es hilft weder dem Behinderten noch Ihrem Hund weiter, wenn Sie den Hund nur ärgerlich zurück rufen und mit ihm schimpfen, verunsichert und peinlich berührt darüber, dass er sich so daneben benommen hat. Das aufgeschlossene Gespräch mit Menschen, die durch unseren Hund belästigt werden, ist der beste Weg, zur Verständigung beizutragen.

Ihr Hund lernt am einfachsten, mit Behinderten unbefangen umzugehen, wenn er schon als Kind und Heranwachsender oft Kontakt mit ihnen hat und positive Erfahrungen macht (gestreichelt wird, ein Leckerli bekommt) und sich an ihre andersartigen Bewegungen und ihre andere Sprache gewöhnt. Unsere Australian Cattle Dog Hündin Emily hatte erstaunlicherweise schon bei der ersten Begegnung mit Behinderten nie Kontakt- und Verständnisprobleme und sogar ihre acht Wochen alten Welpen reagierten spontan völlig angemessen auf die

Richtig vorbereiten

Menschen, die ungewöhnlich aussehen und sich anders bewegen und verhalten als die Menschen, denen unser Hund täglich begegnet, machen viele, insbesondere junge Hunde misstrauisch. Heftiges Bellen, Knurren und Umkreisen sind häufige Reaktionen, die bei den so Attackierten verständlicherweise Ängste wecken. Wiederholte Begegnungen und damit verbundene positive Erfahrungen bereits im Welpenalter sind der beste Weg, unserem Hund diese Mitmenschen vertraut zu machen: Kennen lernen – positive Erfahrungen machen – akzeptieren; das ist ein guter Weg.

Unser Hund und andere Hunde

43	▶ Verständigungsschwierigkeiten	49	▶ Die Grenzen der Freiheit
		50	▶ Vom Jagdrevier zum Auslaufrevier
45	▶ Sprachbarrieren	54	▶ Rücksicht nehmen
46	▶ David gegen Goliath	57	▶ Streit unter Nachbarn
48	▶ Hundefreilaufgebiete	57	▶ Unliebsame Begegnungen

▶ **Verständigungsschwierigkeiten**

Manche dieser Äußerungen von Hundehalter zu Hundehalter sollen witzig sein; bei anderen wird aus der Verachtung der Bedürfnisse des Gegenübers kein Hehl gemacht. Dienlich für das friedliche Miteinander der verschiedenen Hundehalter sind sie allesamt nicht. Insbesondere die Besitzer großer Hunde spielen häufig das Machtgefühl, das ihnen ihr Hund vermittelt, auf üble Weise aus. Besonders konfliktgeladen ist die Situation, wenn es zu einer Begegnung zwischen einem großen frei laufenden und einem angeleinten – oft kleineren – Hund kommt; dann beobachte ich häufig rücksichtsloses Imponiergehabe auf der einen Seite und hilflose Angst auf der anderen.

Was Trumler und Zimen den Hundeinteressierten deutlich gemacht haben, ist ohne Zweifel richtig: Der frei laufende Hund ist der friedlichere Hund. Die Leine fördert Aggressionen.

Viele Hundehalter haben daraus leider für sich übernommen: „Ich lasse meinen Hund einfach laufen. Das ist für ihn das Beste, und dabei passiert mit anderen Hunden schon nichts. Rückendeckung habe ich durch anerkannte Hundefachleute." Überzeugend, oder? Leider ist aber ein Pferdefuß dabei: Nur ein Hund, der normale Anlagen hat, der vom Welpenalter an regelmäßig den freien Umgang mit anderen Hunden üben konnte und der nicht durch falsche Erziehung oder schlimme Erfahrungen mit verhaltensgestörten Hunden beeinträchtigt ist, kommt in der Regel als freier Hund unter freien, gleichgearteten Hunden problemlos klar.

Aber eben auch nur in der Regel. Züchtern ist es gelungen, vom 1-Pfund-Winzling bis zum 1,5-Zentner-Riesen

liebevolle, konsequente Erziehung	**freundlicher/**
Verständnis für seine Bedürfnisse	**umweltverträg-**
enger Kontakt zur Züchterfamilie	**licher Hund**
regelmäßige freie Kontakte mit anderen Hunden	geringer Jagdtrieb
friedliche Erziehungsziele des Besitzers	Leben als integriertes Familienmitglied
Vertrauen zu allen Menschen	friedliche Rasse
ausgefüllter Tagesablauf mit Aufgaben	Besitzer mit Umweltbewusstsein
rechtzeitiger Wechsel des Welpen zu den späteren Besitzern (etwa mit 8 Wochen)	„Prägungsspieltage" mit anderen Welpen
	fördernde Umweltreize
hohe Reizschwelle	sozialverträglicher Vater
Wurfgeschwister	normales, friedliches Sozialverhalten der Mutter

Geburt

besonders dominantes oder ängstliches Tier	Erziehung mit Prügelstrafe, Elektroschlägen u.ä.
Langeweile, keine sinnvollen Aufgaben	Zucht, Besitz und Gebrauch des Hundes als Waffe
Isolierte, reizarme Zwingeraufzucht und -haltung	Erziehung mit Härte und Launenhaftigkeit
Flaschenaufzucht durch Menschen	niedrige Reizschwelle bei Hund und Halter
Aufzucht ohne Wurfgeschwister	schlechte Erfahrungen mit Menschen und Hunden
Krankheiten von Seele und Körper	häufiger Besitzerwechsel
	verhaltensgestörte Mutter
	auf Verteidigungsbereitschaft und Zupacken gezüchtete Rasse
schwieriger/ gefährlicher Hund	Rücksichtslosigkeit des Besitzers gegenüber Mensch und Tier

Fördernde und schädigende Einflüsse nach der Geburt

alles „hinzukriegen". Selbst wenn wir Extremzüchtungen außer acht lassen: Ein halbstarker Boxer, der freundschaftlich mit seiner Pfote nach einem Zwergpudel tapst, kann dem schon das Rückgrat brechen. Und dabei wollte der Boxer ihn auf Boxerart doch nur zum Spielen auffordern.

Wir sollten uns klarmachen, welche enorme Leistung wir von unseren Hunden fordern, wenn wir erwarten, dass sie die Stärke und vor allem auch die zarte Zerbrechlichkeit ihrer Mithunde richtig einschätzen, und zwar durch bloße Inaugenscheinnahme ohne praktische Erfahrungen, denn die können ja für den Hundezwerg bereits übel ausgehen.

Erschwerend kommt hinzu, dass gerade sehr kleine Hunde in ihrer Familie oft eine hohe Rangstelle einnehmen und deshalb den großen Hunden selbstsicher gegenübertreten, weil sie sich offenbar für größer halten, als sie in Wirklichkeit sind. Welcher Hund weiß schon genau, wie groß er ist! Mancher Zwerg fühlt sich vom Arm seines Halters aus sehr groß und tut das lauthals kund. An dieser frechen Selbstsicherheit haben die Besitzer meistens ihre Freude. Und es steht den Haltern großer Hunde nicht zu, hier schulmeisterlich erziehen zu wollen mit Belehrungen wie: „Er muss lernen, sich unterzuordnen!" Das ist zwar von der Tierpsychologie her durchaus richtig, aber es ist nun einmal die Freiheit jedes einzelnen Hundebesitzers, sein Tier so zu erziehen, wie er es kann und für richtig hält. Das Ende seiner Freiheit ist erst dort, wo die Belästigung und Gefährdung der anderen anfängt oder der Hund gequält wird. Die kleinen Provokationen, die ein großer Freiläufer durch einen giftigen Zwerg – sei er angeleint oder nicht – erfährt, muss er aushalten können, ohne wütend zu werden und auf den Kleinen loszugehen, sonst gehört er an die Leine.

▶ **Sprachbarrieren**
Erschwerend für die Verständigung freier Hunde ist, dass viele Hunde die angeborene Signal- und Zeichensprache nicht mehr anwenden können: z.B. sagen angelegte oder aufgestellte Ohren viel über die Absichten und die Stimmung des dazugehörigen Hundes aus. Voraussetzung dafür sind allerdings Stehohren. Wenn sich ein Basset oder ein Cocker mit Hilfe seiner Ohren verständigen möchte, hat er kaum Aus-

Seine Schlappohren sind nicht mehr sehr sprachtüchtig, aber er hat ein beredtes Gesicht.

sichten, verstanden zu werden. Die Wahrscheinlichkeit, beim Schnüffeln draufzutreten, ist größer als die Chance, mit ihnen Informationen „rüberkommen" zu lassen.

Dafür hat der Basset aber jedenfalls eine lange Signal-Rute zum Wedeln, Einklemmen, reglosen Hochhalten oder langsamen Senken. Demgegenüber sind der Cocker und all die vielen anderen Hunde, die heute noch „hinten ohne" sind, weil ihnen die Menschen bis vor kurzem die Schwänze abschneiden durften, schon sehr benachteiligt. Jetzt ist diese Verstümmelung bei uns in Deutschland zum Glück verboten, aber die vielen Anhänger dieser Amputation eines so nützlichen Körperteils finden immer noch Wege, zu einem „schnittigen" Hund zu kommen. Wenn ihr Signalgeber „nur" abgeschnitten ist, können Hunde jedenfalls noch mit dem Rest wedeln, also Minizeichen geben; hat der Mensch es aber geschafft – durch Defekt-Mutationen unterstützt –, den Hund schon „ohne" auf die Welt kommen zu lassen (Engl. und Franz. Bulldoggen, Boston-Terrier, einige Bobtails, Australian Shepherds und Welsh Corgies), dann fehlen meistens auch

Körpersprache des Hundes

verspielter Hund

angriffslustiger Hund

wachsamer Hund

ängstlicher Hund

dreckiger Hund

die Muskeln und Nerven, um das Reststück zu bewegen. Dadurch wird so ein Hund im Umgang mit anderen Hunden ein ganzes Stück sprachloser. Zudem ist die Rückbildung des Schwanzes ein Defekt, der oft an andere anatomische Defekte gekoppelt ist.

Andere Hunde wieder haben so viele Haare, dass ihre Körper-Zeichensprache und ihre Mimik darunter fast ganz verschwinden. Ihre Fellfülle macht sie zudem zu „Scheinriesen", die von den Mithunden für größer gehalten werden, als sie vom Körperbau her sind.

Manchen kurzschnäuzigen Rassen ist dazu noch eine Art Grunzen beim Atmen eigen, das durch die verkürzten Atemwege verursacht wird, also eine ungewollte Äußerung ist, die manchmal als Knurren missverstanden wird. Viele Rassen haben so weit überhängende Lefzen, dass sie beim besten Willen keine Zähne mehr zeigen können, wieder andere müssen immer Zähne zeigen, weil man in ihrem Rassestandard einen deutlichen Vorbiss fordert. Bei all diesen vom Menschen verursachten Handicaps ist es schon erstaunlich, wie gut die verschiedenartigen Rassen sich meistens untereinander verstehen, aber eben leider nur meistens.

▶ **David gegen Goliath**
Wenn Hunde – aus welchen Gründen auch immer – doch einmal ernsthaft aneinander geraten, dann sieht es in diesen Auseinandersetzungen für die Zwerge schlecht aus. Es ist nur zu verständlich, dass die Besitzer kleinerer Hunde vor solchen Situationen besondere Angst haben. Für ihren kleinen

Spiele mit Artgenossen machen Geist und Körper fit. Nur gesunde, bewegungstüchtige Hunde können ungehindert miteinander spielen.

> **Voraussetzungen für die Kommunikation**
>
> Jeder Mensch, der sich einen Hund anschafft, sollte unbedingt darauf achten, dass er einen Hund wählt, der ohne hinderliche bis quälende rassetypische Merkmale ist. Damit schafft er eine gute Grundlage für die störungsfreie innerartliche Verständigung und betreibt auf seine Art praktischen Tierschutz und auch Menschenschutz, denn der gesunde, lebenstüchtige, sprachfähige Hund ist – wenn die Haltungsbedingungen artgerecht sind – mit großer Wahrscheinlichkeit auch ein ausgeglichener Hund, der sich gut mit seinen Mithunden versteht.

Hund kann eine einzige ernsthafte Beißerei mit einem großen Hund den Tod bedeuten.

Wenn wir für ein normales Hundeleben etwa 10 bis 12 Jahre rechnen und der Kleinhundebesitzer dreimal pro Tag mit seinem Hund spazieren geht, dann muss er hoffen, auf rund 13 000 Spaziergängen keinem defekten freien, großen Hund zu begegnen, der auf seinen losgeht und ihn beißt. Wenn man Kleinhundebesitzer befragt, scheint das fast so ein seltener Glücksfall wie ein Lottohauptgewinn zu sein. Fast alle haben sehr böse Erfahrungen mit großen Hunden gemacht. Ihre Bange, wenn ihnen ein großer Freiläufer entgegen kommt, ist begründet.

Erst kürzlich musste ich morgens in einer Tierarzt-Gemeinschaftspraxis lange warten, weil drei Ärzte damit beschäftigt waren, kleine Hunde zusammenzuflicken, die nach Auskunft der Arzthelferin „regelrecht zerfetzt" worden waren. Großhundebesitzer haben es leichter, Hundebegegnungen gelassen entgegenzusehen. Es geht schließlich hier äußerst selten ums Ganze, also um das Leben ihres Hundes. Als locker sorgloser Großhundebesitzer sollte man sich ab und zu einmal vor Augen halten, wie riesig groß und schwer die Hunderiesen im Vergleich zu den Winzlingen sind. Es ist nur zu verständlich, dass Herr/Frau und Zwerghund/hündin aus Angst manchmal aggressiv reagieren.

Gerade alte Menschen haben aus guten Gründen meistens kleine Hunde, denen sie auf der einen Seite viel von dem bieten können, woran es sonst häufig hapert: nämlich Zeit und praktisch uneingeschränkte Zuwendung und Zuneigung. Die Hunde dieser Menschen haben dadurch oft den idealen menschlichen Sozialpartner, dafür aber leider häufig wenig Möglichkeiten zum freien Umgang mit Artgenossen. Ob sie den immer vermissen, ist die Frage.

Mancher menschenbezogene „Gesellschaftshund" (Pudel sind ein typisches Beispiel) zieht auch bei freier Auswahl seinen Menschen als Spielpartner oft vor, und ich kenne selbst kernige Labradors und andere Spiel-Lüstlinge, die andere Hunde überhaupt nicht beachten, wenn ihr Mensch mit ihnen spielt. Es ist also sehr die Frage, ob der berufstätige Hundehalter, der seinem Hund einmal am Tag Freilauf mit Hundekontakten ermöglicht und ihn dann viele Stunden alleine zu Hause lassen muss, sein Tier artgerechter hält als jemand, der mit seinem Hund Tag und Nacht zusammen lebt, ihn aber – aus welchen Gründen auch immer – nicht von der Leine lässt und auch nur eingeengte Hundekontakte zulässt.

Vergessen darf man auch nicht, dass viele alte Menschen aufgrund von Körperbehinderungen gar nicht mehr in der Lage sind, mit ihren Hunden Plätze aufzusuchen, wo diese frei laufen dürfen. Vielleicht können Sie einem alten Menschen aus Ihrer Nachbarschaft anbieten, ihn regelmäßig im Auto mit zum nächsten Hundetreff zu nehmen. Das ist bestimmt hilfreicher, als den Kopf über die Alten zu schütteln, die mit ihrem Hund nur einmal langsam um den Block gehen.

Der kleine Gesellschaftshund hat in Wohnungen viel mehr Spielraum und kann sich besser austoben als die großen Hunde, die lernen müssen, sich zu Hause nur langsam und vorsichtig zu bewegen und „dezent" zu wedeln, weil sonst Sessel und Vasen kippen, Tische wackeln, Teppiche rutschen, Tassen und Gläser fallen und beim Wohnungsbesitzer im Stockwerk darunter die Lampen wackeln.

Die großen Hunde brauchen ausgedehnte Freilaufgebiete noch viel dringender als ihre kleinen Mithunde, die auch schon im Mini-Garten herrlich toben können.

Wir müssen uns allerdings darüber im Klaren sein, dass frei laufende Hunde fast überall gegen Verordnungen verstoßen. Einmal ist es eine Verordnung zum Schutz der Feldmark, einmal zum Schutz des Waldes, einmal zum Schutz von Grünanlagen oder Fußgängerzonen oder Friedhöfen. Regional gibt es geringfügige Unterschiede. Rechtens darf der Hund fast nur noch dort frei laufen, wo man ihn nicht gefahrlos frei laufen lassen kann: auf Fußwegen am Rand von Autostraßen. Zudem gerät der frei laufende Hund, wenn er negativ auffällt, heute sehr schnell in den Verdacht, ein gefährlicher Hund zu sein, und für den haben die Hundeverordnungen der Bundesländer einen ganzen Katalog einengender Maßnahmen bereit. Nur wenn er einen Wesenstest besteht, hat er wieder Chancen, ein gutes Hundeleben ohne Maulkorb- und Leinenzwang zu führen.

▶ Hundefreilaufgebiete

Parallel zu den vielen restriktiven Maßnahmen entstehen zur Zeit zumindest in Großstädten langsam vereinzelt ausgewiesene Hundefreilaufgebiete, in

---

Der ideale Stadthund

Meist ist der kleine bis höchstens mittelgroße, schon lange ausschließlich als Sozialpartner gezüchtete Hund der viel stadtgeeignetere und er ist nicht dümmer oder kränker als seine großen Artgenossen. Jede arrogante Geringschätzung der Kleinen durch Großhundfans zeigt geringe Hundekenntnis.

denen friedliche Hunde frei laufen dürfen. Allerdings sind diese Gebiete meistens klein, zudem erwecken sie bei vielen Hundehaltern zwiespältige Gefühle, weil die sich fragen, ob diese Freizonen vielleicht nur ein Indiz dafür sind, dass man Partner Hund mehr und mehr aus dem Alltagsleben heraus haben möchte.

Für den jungen Hund sind sie neben Welpen- und Junghundspielstunden eine wichtige Begegnungsstätte. Dort können sie den Umgang mit ihren Artgenossen und gleichzeitig auch mit den verschiedensten Menschen üben. Nur trauen sich dort die meisten Zwerghundbesitzer gar nicht erst hin, weil sie fürchten, dass ihr Winzling, wenn schon nicht tot gebissen, so doch kaputt gespielt wird.

Trotzdem meinen viele Großhundbesitzer, dass ihre Riesen schon alles richtig machen und die Besitzer der Kleinen nur viel zu ängstlich sind. Wenn aber die Besitzer der Großen in den Welpenspielstunden oder sonst wo nicht lernen, dass der Großhund meistens auch Beeinflussung und das Aufzeigen von Grenzen braucht, damit er lernt, vorsichtig mit Kleinen zu spielen (mancher lernt es nie!) , dann existiert in den Auslaufgebieten weiterhin eine Tyrannei der Starken, wie man sie z.Z. oft antrifft.

Die Spaltung der Hundehalter in die Laisser-faire-Typen und die beschützenden, vorsichtigen Typen hat leider zur Folge, dass sich viele Kleinhundbesitzer und andere ängstliche Hundebesitzer über die Hundeverordnungen freuen, weil sie sich dadurch mehr Sicherheit für ihre Hunde erhoffen ...

▶ **Die Grenzen der Freiheit**

In unserer Zeit, in der wir in den Städten immer dichter beieinander wohnen, wollen wir Freiheiten für unsere Hunde, die sie in den vergangenen Jahrzehnten nie hatten, jedenfalls in Deutschland nicht. Frei sind in Europa in der Regel nur die Hunde gewesen, die keiner wollte, für die keiner sich verantwortlich fühlte, die keinen Wert hatten. Die anderen Hunde wurden vorwiegend als Nutztiere gehalten und eingesperrt, wenn sie gerade nicht benötigt wurden.

Der typische „Dorfköter" verbrachte meistens sein Leben an einer kurzen Kette, war als Aufpasser angestellt und konnte froh sein, wenn er genug Wasser und Küchenabfälle bekam und einen kotfreien, trockenen Platz zum Liegen fand. Die wenigen freien Dorfhunde sorgten bei ihren Rundgängen dafür, dass genügend Nachwuchs

gezeugt wurde und dadurch der Wert des Hundes gering blieb.

Auch die oft als glücklich angesehenen Jagdhunde hatten und haben nur selten ihr Jagdvergnügen. Sie müssen lange Wartetage oder sogar -wochen in Kauf nehmen, um dann ihren Gehorsam im Wald beweisen zu können. Auch Schlittenhunde verwarten die meiste Zeit angepflockt, und natürlich würden sie lieber ohne Schlitten rennen als mit! Sie ziehen den Schlitten notgedrungen hinter sich her, weil ihre Menschen sie ohne dieses Handicup meistens überhaupt nie laufen lassen. Glück hatten die Hütehunde, sowohl die Herdenschutzhunde als auch die Treibhunde, die ihre Aufgabe nur erfüllen konnten, wenn sie sich frei bewegen konnten.

▶ **Vom Jagdrevier zum Auslaufrevier**

Das Spazierengehen mit dem Hund und für den Hund ist eine Erfindung der modernen Städter. Für Mensch und Hund ist es eine gute Sache, auch dann noch, wenn der Hund an der Leine ist. Ideal ist es für den frei laufenden Hund, und es ist zu rechtfertigen, wenn der Hund andere Tiere, Mithunde und Mitmenschen nicht gefährdet oder beunruhigt.

Wir sollten unseren Stadthunden gegenüber kein schlechtes Gewissen haben, wenn wir ihnen ihr ganzes Hundeleben lang zuverlässige Rudelchefs sind und sie viel Zeit mit uns gemeinsam verbringen dürfen, sie aber auch viel an der Leine gehen müssen. Keinesfalls darf die Leine als Indiz dafür genommen werden, dass der Mensch „am Ende der Leine" nichts von Hunden versteht. Sicher kennen Sie auch den Typ Mann, dem es sehr peinlich ist, einen kleinen, womöglich noch unerzogenen Hund an der Leine zu halten. Diese Männer neigen dazu, lieber ihren Hund und die Umwelt zu gefährden, als sich womöglich belächeln zu lassen.

Wenn unser Hund mit uns zusammensein darf, nimmt er dafür viele Einschränkungen in Kauf. Er ist nun

Bei entsprechender Gewöhnung teilen die meisten Hunde ihr Auslaufgebiet friedlich mit Artgenossen und fremden Menschen. Die Australien Shepherds gehören zu den sehr umgänglichen Hunden.

einmal ein unerschütterlicher Menschenfreund, für den es die Überlegung, sich von uns abzuwenden, nicht gibt. Er würde uns nie aussetzen!

Der intakte Normalhund ist außerhalb der „eigenen vier Wände", also im neutralen Revier, meistens freundlich, reserviert – uninteressiert oder auch angeberisch im Umgang mit anderen Hunden und lässt sich nur sehr selten zu Raufereien hinreißen, wenn er von Kindheit an an das Freilaufen und die unterschiedlichsten Hundebegegnungen gewöhnt wird. Die Verteidigung seines Auslauf-reviers – als Jagdrevier darf er es ja so gut wie nie nutzen – gewöhnt er sich zum Glück nicht an, wenn er von uns, seinen Teamchefs (bei seinen wölfi-schen Vorfahren hießen die Chefs Leitwölfe), immer wieder gezeigt bekommt, dass wir all die vielen anderen Hunde im Revier gut finden und gern bereit sind, sie im Revier zu akzeptieren. Würden wir ihm eine andere Einstellung vermitteln und uns aggressiv auf jeden Hund und Menschen stürzen, der uns begegnet, wären die meisten Hunde bestimmt unsere begeisterten Helfer! Deshalb haben auch ängstliche Hundehalter, die bei jeder Hundebegegnung Schlimmes befürchten, sehr oft angst-aggressive Hunde. Hunde sind Meister im Verstehen un-serer Körpersprache, und als unsere Gefolgsleute richten sie sich nach uns. Sicher kennen Sie das Sprichwort: „Wie der Herr, so's Gescherr".

Auch heute noch hätten unsere Hunde bestimmt das Zeug, kein Nicht-Rudel-Mitglied in ihrem Auslaufrevier zu dulden, wenn sie ihre Lehrmonate in einem Wolfsrudel verbringen würden.

Auch Reviere, in denen sie jeden Tag spazieren gehen, betrachten sie zum Glück bei entsprechendem Verhalten ihrer Bosse meistens nicht als ihren Besitz, sonst würden Begegnungen mit anderen Hunden nicht so problemlos verlaufen. Allerdings gibt es einige Rassen, die auch bei artgemäßer Prägung und Sozialisierung und unter der Anleitung friedlicher, aufgeschlossener Teamchefs als erwachsene Hunde häufig ein ausgeprägtes Bedürfnis haben, ihr Revier ausschließlich für ihr eigenes Rudel zu beanspruchen. Sie sind gegenüber Geschlechtsgenossen und leider manchmal auch gegenüber dem anderen Geschlecht unverträglich.

> **Achtung beim Auslauf**
>
> Ausgeprägtes Revierdenken zusammen mit eng gefasster Rudelvorstellung führt zu Konflikten in den Auslaufgebieten.

Hirtenhunde und andere Hunde, die lange auf Wachaufgaben hin selektiert worden sind, neigen dazu, eigenverantwortlich zu entscheiden. Sie haben offenbar einen sehr eng gefassten Rudelbegriff, der sich nur auf wenige vertraute Menschen und Hunde bezieht.

Bei der Gruppe der ehemaligen Kampfhunde, die auch heute noch manchmal für Kämpfe mit andersartigen Tieren wie z.B. Wildschweinen und für Hundekämpfe missbraucht werden, vertragen sich erwachsene Tiere oft nicht. Das ist nicht verwunderlich, denn man hat ja auf Merkmale wie Angriffslust und Durchhaltevermögen hin ausgelesen, dabei aber darauf geachtet, dass die Hunde zu Menschen weiterhin freundlich waren, denn die

Halter wollten selbst nicht gebissen werden. So sind Hunde entstanden, die bei artgerechter Haltung heitere, verspielte, kraftstrotzende Menschenfreunde sind, aber Geschlechtsgenossen, wenn nicht sogar alle Artgenossen, häufig attackieren. Bei diesem Typ Hund hat die Aggressivität wenig mit Revierdenken zu tun, bei ihm liegt ein Verlust an verletzungsvermeidendem Verhaltensrepertoire vor. Sofort in den Beißangriff überzugehen, das war für einen Hund, der für Tierkämpfe verwendet wurde, überlebenswichtig. Ihm wurde das normale Verhaltensrepertoire der Wölfe und der meisten Hunde, das hilft, blutige, verbissene Kämpfe innerhalb der eigenen Art zu vermeiden, mit Absicht weggezüchtet. Und wenn man mit solchen erfolgreichen Zubeißern einige Generationen mit enger Inzucht weiterzüchtet und durch die prägende Erziehung der Mutterhündin auch noch die Erfahrungen der Kämpfer weiter gegeben werden, dann ist das Ergebnis ein Welpe mit hohem „Gefahrenpotential". Das kommt mit großer Wahrscheinlichkeit zum Tragen, wenn ein Welpe mit dieser Abstammung während der Prägungs- und Sozialisierungsphase von seiner Mutter und den Züchtern zusätzlich negativ „programmiert" wird.

Solche angriffsbereiten Rassevertreter gehören selbstverständlich an die Leine, und die Leine gehört nur in die Hand eines Menschen, der den Hund wirklich im Griff hat und auch in Konfliktsituationen mit ihm fertig wird. Auch ein Maulkorb ist wichtig zum Schutz der Umwelt. Mit so einem Hund durch ein Auslaufgebiet zu gehen, in dem man viele Hunde trifft, ist ein Spießrutenlaufen, weil so mancher frei laufende Hund zwar friedfertig, aber nicht gut erzogen ist und an den Leinengänger neugierig heran kommt. Der wird durch die Leine und den Maulkorb noch zusätzlich aufgeputscht, und schon ist die Beißerei im Gange. Die Besitzer der Freiläufer sollten ihren Hund unbedingt von Kontaktversuchen mit dem angeleinten schwierigen Hund abrufen. Mit einem sozial unverträglichen Hund sollte man besser dort spazieren gehen, wo auch andere Hunde angeleint sind, z.B. auf Fußwegen neben Straßen.

Wenn ein Hund auf Grund einer Hundeverordnung Maulkorb- und Leinenzwang hat, sollte sich sein Besitzer nur in Freilaufgebiete begeben, wenn er einen so friedlichen, gelassenen Hund hat, dass er trotz seiner enormen Einschränkung und Behinderung freundlich bleibt. Das schaffen viele wegen ihrer Zugehörigkeit zu einer bestimmten Rasse als gefährlich eingestufte Hunde erstaunlich gut, viel besser als so mancher andere harmlose Hund, der an der Leine zum Rambo wird.

Der Maulkorb hindert den Hund an vorsichtigen Körperkontakten mit Artgenossen: Der harte, vorstehende Korb um die Schnauze, meist aus Leder oder Metall, der nichts anderes als ein Käfig für die Schnauze ist, stößt den anderen Hund bereits an, wenn sein Träger noch etwas Abstand hat, und irritiert dadurch beide Seiten. Ein einschmeichelndes Schnauze-Lecken oder vorsichtiges Schnuppern im Analbereich wird unmöglich. Der Maulkorb ist eine große Verständigungsbarriere. Zusammen mit der Einengung durch die Leine, die häufig heftige Aggressionen auslöst, macht der Maulkorb seinen Träger zu einem stark behinderten Hund und es ist erstaunlich zu beobachten, wie souverän die Pitbulls und ihre Verwandten sehr oft damit umgehen.

AUSLAUF FÜR DEN JUNGHUND ▶
Wenn immer Sie die Möglichkeit dazu haben, sollten Sie mit Ihrem Hund, vom Welpenalter an, täglich in dasselbe Gebiet gehen, wo der Hund ohne Leine laufen kann und anderen Hunden begegnet. Anfangs sollten Sie dabei nicht zu viel spazieren gehen, sondern dem Welpen vor allem Gelegenheit bieten, Kontakt mit anderen Hunden zu haben und Spielgefährten zu finden. Der Welpe wächst so in die Hundegemeinschaft hinein, und Sie selbst kennen nach wenigen Wochen die anderen Hunde und ihre Besitzer.

Der junge Hund lernt oft ohne viel Erziehung von unserer Seite, sich mit anderen Hunden zu arrangieren. Er lernt den uninteressierten Einzelgänger kennen, genau wie den wilden Mitspieler, mit dem er bis zur Erschöpfung herumtollen kann. Er trifft auch den grantigen Typ schon zu einer Zeit, wo seine Mithunde ihn als harmloses Kind erkennen und er noch viel Toleranz in der Hundewelt erfährt, weil er so eindeutig nach Kind riecht und deshalb jeder anständige Hund nachsichtig ist. Ob es den sicheren „Welpenschutz" wirklich gibt, wird allerdings in letzter Zeit angezweifelt und als Märchen in den Köpfen deutscher Hundehalter bezeichnet. Man meint, dass der Welpe sich nur durch sein beschwichtigendes Verhalten gegenüber allen Hunden schützt, die größer und älter sind als er. Nach meiner Überzeugung spielt aber sein kindliches Gehabe und sein Kinderduft bei der toleranten Behandlung durch die Mithunde eine Rolle. Ich habe schon sehr oft beobachtet, dass Welpen sich bei erwachsenen Hunden viel mehr herausnehmen dürfen als gleichgroße erwachsene Hunde. Offenbar haben, wie schon erwähnt, die meisten Hunde heute keinen so engen Rudel- und Revierbegriff mehr und behandeln fremde Welpen deshalb ähnlich wie Welpen des eigenen Rudels. Dabei fällt es Rüden offenbar leichter, fremde Welpen wie ihre eigenen Kinder zu behandeln, als Hündinnen, die leider manchmal gefährlich unfreundlich zu Welpen sind, von denen sie wissen, dass es nicht ihre eigenen sind.

Im Auslaufgebiet müssen alle Freiläufer eine freundliche oder zumindest verträgliche Einstellung gegenüber Welpen haben, sonst gehören sie rechtzeitig an die Leine, wenn ein Welpe auftaucht.

Welpenschutz heißt allerdings nicht, dass andere Hunde nicht an dem Hundekind herumerziehen, aber das ist er schon von seiner Mutter gewohnt. Das ist die normale Erziehungsarbeit des Rudels und der Kleine lernt daraus.

Soweit es in Ihrer Macht steht, lassen Sie ihn aber gerade in dieser sensiblen Jugendzeit, in der sich Erlebnisse besonders einprägen, möglichst keine schlimmen Erfahrungen mit verhaltensgestörten Hunden machen. Hören Sie auf die Ratschläge von anderen Hundehaltern, die vor bestimmten Hunden warnen. Die Wahrscheinlichkeit von unliebsamen Begegnungen können Sie auch niedrig halten, wenn Sie jeden Tag zur selben Zeit denselben Weg gehen, denn die meisten Hundebesitzer haben feste Zeiten für ihre Spaziergänge.

Vielleicht veranstaltet der Züchter so genannte Prägungs-Spieltage. Oder eine Hundeschule in Ihrer Nähe bietet solche Welpentreffs an, bei denen Ihr Welpe viel lernt, wenn die Anleiter Ahnung haben und die Welpen nicht einfach nur machen lassen. Und Sie als Hundehalter lernen in so einer Gruppe auch eine Menge. Solche Treffen sollten Sie auf alle Fälle nutzen. Was Ihr Hund im ersten halben Jahr an Sozialverhalten lernt, macht ihn sein ganzes Hundeleben lang zum gemeinschaftsfähigen Hund unter Mithunden. Allerdings, eine 100%ige Sicherheit für das spätere problemlose Verhalten des Hundes bietet auch eine hundgemäße Jugendzeit nicht. Gedankenlose und manchmal geradezu verwegen abartige Züchtungen auf bestimmte äußere Merkmale hin, ohne Augenmerk für dabei auftretende Verhaltensschwächen, haben einige Rassen und Einzelhunde vieler Rassen zu Problemhunden gemacht, die sich trotz guter äußerer Einflüsse gestört verhalten.

Gehen Sie deshalb weg von der Auswahl Ihres Hundes nur nach dem Erscheinungsbild. Ihr Hund weiß sowieso nicht, wie er aussieht. Er findet sich gut und fühlt sich wohl, wenn er die Voraussetzungen mitbringt, in der Hunde- und Menschenwelt akzeptiert zu werden.

▶ **Rücksicht nehmen**

Wenn Sie einen problematischen Hund haben, dann ziehen Sie die Konsequenz und schützen Sie andere Hunde vor ihm! (Siehe Seite 87.) Unser Freiläufer muss zuverlässig friedlich gegenüber Menschen und Hunden sein,

Gute Verständigung ohne Worte

sonst gehört er an die Leine. Zu unvorhergesehenen Begegnungen kann es immer kommen. Wir dürfen uns keinesfalls darauf verlassen, dass wir Hunde, die unser Hund nicht ausstehen kann, immer rechtzeitig vor ihm entdecken. Unser Freiläufer muss auf Ruf zu uns kommen oder zumindest „Halt" befolgen, bis wir bei ihm sind. (Manchen Hunden fällt das „Halt, warte!" leichter, weil sie dann den entgegenkommenden Hund nicht aus den Augen verlieren.) Gehen Sie aber bitte langsam zu ihm, nicht rennen!

Wenn uns angeleinte Hunde entgegenkommen, die wir nicht kennen, sollten wir unseren Hund herannehmen, auch wenn er sehr friedlich ist. Der angeleinte Hund ist immer im Nachteil. Aus Angst oder Selbstüberschätzung zeigt er häufig Angriffsverhalten und provoziert dadurch unseren Hund.

Es trägt immer zur Entspannung zwischen Hundebesitzern bei, wenn Sie Rücksicht signalisieren, indem Sie Ihren Hund bei solchen Begegnungen rechtzeitig anleinen. Loshaken können Sie ihn nach einem klärenden Gespräch immer noch. Auch wenn Ihnen ein Hundehalter, den Sie als ängstlich kennen, mit seinem angeleinten Hund entgegenkommt, sollte es selbstverständlich sein, dass Sie Ihren Hund zu sich rufen und an die Leine nehmen. Begegnet unser Freigänger einem anderen freien Hund, ist es das Beste, sich gar nicht einzumischen. Im Vertrauen auf das intakte Verhalten unseres eigenen Hundes und in der Hoffnung, dass der andere ähnlich wohlgeraten ist, gehen wir zügig weiter und halten den Mund. Wenn wir uns aus Interesse oder Besorgnis um die Hunde herumstellen, stacheln wir sie bei kritischen Begegnungen nur zu unangemessenen Reaktionen auf.

Wenn sich befreundete Hunde treffen, kann man natürlich stehen bleiben und von Hundemensch zu Hundemensch klönen. Es gibt Freundschaften zwischen Rüden ebenso wie zwischen Hündinnen und natürlich zwischen Rüden und Hündinnen. Häufig spielen Hündinnen lieber untereinander als mit einem Rüden.

Treffen sich zwei Rüden, die sich nicht näher kennen, beachten sie sich manchmal nicht weiter, normalerweise begrüßen sie sich, wie es die Regeln erfordern. In etwa gleichgroße Rüden wedeln sich gerne ihren Duft zu, staksen mit gesträubten Nackenhaaren umeinander herum und grummeln häufig aus tiefer Kehle vor sich hin, was wohl so viel heißt wie „Benimm dich, ich bin ein friedlicher Hund, aber ich würde mich gegebenenfalls zu wehren wissen!" Häufig äußern sich kleinere Rüden bei Begegnungen mit großen so. Sie setzen an nahe gelegenen Plätzen ihre Duftmarken ab, informieren sich daran und gehen dann ihrer Wege, wobei sie sich, wenn ihnen der andere Eindruck gemacht hat, zunächst langsam und immer noch steifbeinig aus seinem Einflussbereich entfernen. Es kann sein, dass sich einer der beiden dem anderen noch mal provozierend quer in den Weg stellt, wobei er vielleicht sogar mit großer Drohgebärde seine Zähne zeigt. In dieser Situation bloß die Ruhe bewahren! Abstand halten! Mund halten! Demonstrativ weggehen! Dieses Imponiergehabe ist ein ritualisiertes Begegnungsverhalten, das gerade helfen soll, ernsthafte Auseinandersetzungen zu vermeiden.

Hündinnen sind meistens (nicht immer!) harmlos-freundlich zu anderen. Leider entwickeln sie manchmal aber unüberwindliche Abneigungen gegen einzelne Hündinnen, und es gibt sogar welche, die keine Geschlechtsgenossin leiden können. Diese Feindschaften können zu gefährlichen Beißereien führen. Wenn Sie so eine „zickige" Hündin besitzen, die sich vielleicht sogar mit Vorliebe auf kleinere Hündinnen stürzt, gehört sie an die Leine. Es sei denn, Sie haben den Überblick über einen endlosen Strand, und eine unerwartete Begegnung ist ausgeschlossen.

Die Begegnung zwischen normalen Rüden und Hündinnen ist freundlich und problemlos. Nicht ungewöhnlich ist dabei, dass der neugierig schnuppernde Rüde mal kurz angegiftet wird, insbesondere wenn er den intimen Zonen der Hündin zu nahe kommt. Der Rüde nimmt dieses Wegbeißen nicht übel. Unsere Einmischung ist wieder unerwünscht. Nötig wird sie allerdings, wenn ein starker Rüde eine kleine oder sehr junge, unerfahrene Hündin zu stark bedrängt und immer wieder aufreitet. Dann sollten wir unseren Rüden abrufen. (Zu seiner Entschuldigung: Es gibt bei einigen Rassen Hündinnen, die als Folge von Hormonstörungen immer sehr aufreizend riechen, nicht nur während der Läufigkeit.)

Wenn Sie mit Ihrem Rüden einer läufigen Hündin begegnen, gehen Sie möglichst schnell weiter. Wenn der Rüde trotzdem bemerkt, was los ist, müssen Sie ihn an die Leine nehmen. Er wird sehr schnell heiß auf die Hündin und ist dann nicht mehr Herr seiner Sinne, sondern nur noch begeisterter Diener seines Geschlechtstriebes. Schon mancher gut erzogene Rüde ist hinter einer heißen Hündin – oder geleitet von der Duftspur – entschwunden und kein Rufen konnte ihn mehr stoppen. Da immer mehr naive Hündinnen-Besitzer der Meinung sind, dass ihre Hündin auch während der Läufigkeit auf sie hört und nicht wegläuft und sie sich frei bewegen lassen, hat schon manches heiße Pärchen sich abgesetzt und seinen Spaß gehabt. Es ist nicht ungewöhnlich, dass heiße Hündinnen einen Bewerber gerade noch heftig wegbeißen und im nächsten Moment bereitwillig und sehr aufreizend „stehen" und den Rüden aufreiten lassen. Läufige Hündinnen gehören also an ihren „heißen Tagen" an die Leine.

Chlorophyll-Tabletten gelten als unschädlich und helfen mit, die Hündin während der Läufigkeit etwas weniger „dufte" sein zu lassen. Ein Verhütungsmittel sind sie allerdings nicht! Aber Ihre Nachbarn und alle Rüdenbesitzer der Umgebung werden Ihnen dankbar sein! Sie helfen so mit, dass Ihre Hündin nicht drei Wochen lang die ganze männliche Hundewelt in Liebeslüste und -qualen versetzt. Wer einmal einen vor Liebessehnsucht heulenden Rüden im Haus gehabt hat, der wird jedem Hündinnenbesitzer dankbar sein, der damit, und durch reduzierte Spaziergänge, mithilft, die Eigenwerbung seiner Hündin in Grenzen zu halten. Um keine falschen Hoffnungen zu wecken: Erfahrene Rüden wissen trotzdem, was sich bei der Hündin tut, ihre feine Nase erschnuppert den Duft der Düfte immer noch und möchte auf Eroberungstour gehen.

Auch Rüdenbesitzer sind verpflichtet, verstärkt auf ihren Hund aufzupassen, damit die Besitzer der duften Hündin ungehindert ihr Haus verlassen können, ohne gleich von wartenden Liebhabern überfallen zu werden. So mancher liebestolle Rüde klammert sich nämlich im Überstau der Gefühle häufig auch an ein Ersatzobjekt, das nach seiner Traumhündin riecht. Es ist nicht das angenehmste Gefühl, wenn man von einem großen geilen Rüden umfasst und nicht wieder losgelassen wird.

Wenn Sie sich des Gehorsams Ihres Hundes, z.B. des Junghundes, nicht sicher sind, dann nutzen Sie die größere Übersicht aus, die wir Menschen durch unseren aufrechten Gang nun einmal haben: Rufen Sie z.B. Ihren Hund schon heran, wenn Sie einen angeleinten Hund sichten, bevor Ihr Hund ihn bemerkt. Gehorsam in langweiligen Momenten ist viel einfacher, als wenn der Hund gerade etwas Interessantes entdeckt hat.

Rechnen Sie damit, dass Ihr Hund, wenn er an der Leine ist, aggressiv reagiert (vgl. Seite 87). Befürchten Sie nicht, dass er dieses unerwünschte Verhalten beibehält, wenn er wieder frei läuft.

Wenn Sie in einem „Freiläufergebiet" Ihren an sich friedlichen Hund aus irgendeinem Grund an die Leine genommen haben, und es begegnet Ihnen ein großer freilaufender Hund, dessen Besitzer keine Anstalten macht, ihn anzuleinen oder vielleicht nicht einmal in Sicht ist, dann entspannt sich die Situation meistens, wenn Sie Ihren Hund loslassen, aber bitte rechtzeitig (und nur, wenn dadurch nicht andere Gefahren drohen). Manche Hunde brauchen einige Meter, um mitzubekommen, dass sie frei sind, und sich entsprechend zu verhalten.

Es nützt wenig, wenn Sie zunächst an straffer Leine die Begegnung abwarten und, wenn's ernst wird, die Leine loslassen. (Loshaken können Sie sie in dieser Situation meistens sowieso nicht mehr.) Ihr Hund wird sein Leinenverhalten beibehalten. Raufende oder beißende Hunde können sich dann zu allem Elend auch noch in der Leine verwickeln. Ganz kritisch sind bei Beißereien die ausrollbaren Leinen, weil sich die Hunde in den dünnen Synthetikschnüren übel einschnüren und verletzen können. Die Hunde unterscheiden dann nicht mehr, welcher Schmerz woher kommt. Sie beziehen alles auf den Kampfgegner und werden immer wütender, weil sie meinen, dass ihr Gegner ernsthaft beißt.

▶ **Streit unter Nachbarn**

Nachbarsrüden, die sich zu Hause – getrennt durch einen Zaun – gebärden, als wollten sie sich gleich gegenseitig umbringen, benehmen sich, wenn sie sich auf Spaziergängen in neutralem Gebiet treffen, überraschenderweise in der Regel friedlich. Sie neigen höchstens dazu, sich zu übersehen, wohl um Konflikten aus dem Weg zu gehen.

Den Rüden geht es zu Hause nur um die Sache, um ihr Revier. Bei verfeindeten Nachbarshündinnen ist auch im Neutralrevier Vorsicht geboten. Sie nehmen es persönlicher.

▶ **Unliebsame Begegnungen**

Leider werden auch Sie manchmal Begegnungen haben, auf die Sie lieber verzichten würden. Es gibt in jeder Gegend bissige Hunde. Das wäre an

sich noch nicht so schlimm, wenn sie verantwortungsbewusste Menschen hätten, die diese Hunde zuverlässig an der Leine halten oder nur mit Maulkorb laufen lassen würden.

Aber leider gestehen sich die Halter schwieriger Hunde oft nicht ein, dass ihr Hund eine Gefahr für andere Hunde und Menschen ist. Sie erzählen, wenn ihr Hund einen anderen gebissen hat, zum wiederholten Mal, dass er so etwas vorher noch nie getan hätte und sonst absolut friedlich wäre. Erst wenn die Versicherung nicht mehr zahlt und der Hund deshalb zu teuer wird, wollen die Besitzer ihn nicht mehr haben und er landet im Tierheim, wenn er Glück hat. Die meisten Beißer stürzen sich nicht auf jeden Hund, denn dann könnten sich die Besitzer wirklich nicht mit ihnen in die Öffentlichkeit wagen. Der eine mag keine schwarzen Hunde, der andere keine wolligen weißen, der eine mag keine Boxer, der andere grundsätzlich keine Rüden, der eine beißt mit Vorliebe Zwerghunde, der andere verbeißt sich vorzugsweise in Junghunde, wieder ein anderer scheint nur darauf zu warten, dass ein kleiner Hund ihn aus Angst heraus anknurrt, schon stürzt er sich auf ihn.

Ist aber eine solche Begegnung unausweichlich und der Besitzer des Problemhundes bekommt ihn nicht unter Kontrolle, kann es helfen, wenn Sie dem Hund entschlossen entgegengehen und ihn mit Donnerstimme anfahren: „Hau ab!" Solche Hunde sind meistens Feiglinge, und vielleicht lassen sie sich einschüchtern, zumindest so lange, bis der Besitzer herangekommen ist und ihn sich hoffentlich schnappt. (Vorsicht, Ihr eigener Hund könnte Ihr Drohverhalten als Aufforderung zu einem eigenen Angriff verstehen. Halten Sie ihn fest!)

Wenn Ihr eigener Hund groß und wehrhaft ist, können Sie hoffen, dass er den anderen durch sicheres Auftreten und Imponiergehabe von einer Auseinandersetzung abhält. Dann halten Sie am besten wieder einmal Abstand und den Mund! Wenn Sie einen kleinen Hund haben und den nötigen Mut, sollten Sie ihn auf den Arm nehmen. Wenn sich der andere Hund erst auf ihn gestürzt hat, sind Sie sehr hilflos. Auf Unterwerfungsgesten des schwächeren Hundes reagieren solche Hunde meistens nicht.

Guter Rat ist teuer, wenn ein bissiger Hund sein Unwesen treibt. Einige Hundebesitzer tragen ein Pfefferspray bei sich, um damit angreifende Hunde zu vertreiben. Wenn es wirksam sein soll, muss es schnell griffbereit und die Windrichtung günstig sein. Es schreckt wahrscheinlich nur ab, solange die Hunde noch nicht ineinander verbissen sind.

Beobachten Sie manchmal, dass Ihnen und Ihrem Hund andere Hundebesitzer aus dem Weg gehen? Wenn ja, sollten Sie unbedingt klären, ob diese Leute Angst vor Ihrem Hund haben!

Leider neigen wir alle dazu, den „Balken im eigenen Auge" sehr spät zu sehen. Wenn mehrere Hundebesitzer Begegnungen mit Ihrem Hund scheuen, weil sie ihn fürchten, dann müssen Sie Ihr Verhalten ändern!

Wenn Ihr Hund eine schmerzhafte Beißerei hinter sich hat, trägt er von da an oft ein Feindbild in sich, zumindest für einige Zeit, und zeigt ein verändertes Verhalten gegenüber allen Vertretern der Rasse des Kontrahenten. Er kann in der nächsten Zeit ängstlich oder angriffslustig ihnen gegenüber reagieren. Sie sollten sich bemühen, ihm gute „Gegenerfahrungen" mit der betreffenden Rasse zu ermöglichen, damit er umlernen kann.

Finden Sie sich nicht zu schnell mit unerwünschten Verhaltensweisen Ihres Hundes ab. Er ist lernfähig! Sie müssen nur das Ihrige tun, ihn nicht in seinen Negativ-Erwartungen zu bestärken, indem Sie selbst Angst vor bestimmten Hunden deutlich spüren lassen; ganz verbergen kann man sie vor einem sensiblen Hund leider nicht. Deshalb übertragen sich Abneigungen der Besitzer häufig auf den Hund.

Die Rassen sind allerdings sehr unterschiedlich in ihrer Fähigkeit, schlechte Erfahrungen wegzustecken.

Diese beiden Großen mögen sich. Als Team wirken sie auf Mitmenschen und Hunde allerdings schnell bedrohlich. Zumal sie auch noch schwarz sind.

Bei misstrauischen, scheuen Rassen prägt oft ein einzelnes schlimmes Erlebnis zeitlebens. Robuste, selbstsichere Tiere nehmen vieles leichter und gehen unbefangener an vergleichbare Situationen heran.

Wenn zwei oder mehrere befreundete Hunde zusammen spazieren gehen, müssen Sie damit rechnen, dass sie anders reagieren als Einzelhunde. Solche Freunde werden schnell zu einem eingeschworenen Team, um nicht zu sagen zu einer üblen Gang! Das Gruppengefühl (Rudel) macht auch Hunde stark, und es kann passieren, dass zwei sonst friedliche Rüden oder Hündinnen zusammen als rauflustige Stänkerer auftreten, die viel schlechter gehorchen als einzeln. Sie können sich vielleicht sogar gemeinsam absetzen, um jagen zu gehen oder sonst „was Gutes" zu unternehmen. Wenn Sie solches Rudelverhalten beobachten, sollten Sie auf gemeinsame Spaziergänge verzichten oder die Hunde anleinen.

Lassen Sie Ihren Rüden nicht mit einer läufigen Hündin frei laufen, auch nicht in den ersten Tagen, an denen noch nichts „passieren" kann. Er wird sie gegenüber anderen Rüden eifersüchtig verteidigen und dabei die Regeln des reinen Kommentkampfes leicht vergessen und zubeißen. Verletzungen kann es allerdings auch bei harmlosen Raufereien geben, insbesondere an Augenlidern, Schnauze, Ohren und Vorderbeinen. Respektieren Sie deshalb, wenn andere Hundebesitzer nicht die Nerven dafür haben!

Sollte es trotz aller Vorsicht passieren, dass Ihr Hund einen kleineren beißen will, sollte es für Sie selbstverständlich sein einzugreifen. Ein entschlossener Griff in den Nacken des eigenen Hundes (nicht wieder loslassen!) bringt ihn meistens schnell zur Besinnung und gibt dem Besitzer des kleinen Hundes die Möglichkeit, seinen Hund zu nehmen. Aber Vorsicht, zerren Sie Ihren Hund nicht weg, wenn er sich festgebissen hat, sonst richten Sie nur noch mehr Schaden an!

Kümmern Sie sich um den Besitzer des anderen Hundes und seinen Hund. Bieten Sie Ihre Hilfe an, falls ein Tierarztbesuch nötig ist. Und drücken Sie sich nicht um die Erkenntnis herum: Die Schuld liegt bei Ihnen und Ihrem Hund, wenn er einen deutlich kleineren gebissen hat (vorausgesetzt beide waren frei oder Ihrer war frei). Ein Großer muss es abkönnen, dass ein Kleiner ihn angrummelt, denn das passiert häufig. Nur wenn der Kleine zu Tätlichkeiten übergeht, darf der Große sich wehren, aber der Größe des Gegners angemessen und nur, bis der Kleine Aufgabe signalisiert.

Grenzen der Freiheit

Ein großer Hund mit zu niedriger Reizschwelle gehört genauso an die Leine wie einer, der in Rage gerät, wenn er erst einmal eine Beißerei angefangen hat, und dann nicht mehr auf die Unterwerfungssignale des Kontrahenten achtet!

Oft fallen böse Worte, wenn sich einer der Hunde daneben benimmt. Selten dagegen ist, dass am nächsten Tag durch einen Entschuldigungsbrief und eine Flasche Wein wieder ein gutes „Umgangsklima" angestrebt wird. Sollte so ein Beispiel nicht Schule machen?

Unser Hund und andere Tiere

61 ▸ **Katzen** 66 ▸ **Das „jagdbare Wild"**

63 ▸ **Haustiere**

▸ **Katzen**

Durch ihre sehr unterschiedliche Körpersprache verstehen sich Hund und Katze häufig falsch. Sie können aber lernen, die fremde Sprache der anderen Art zu verstehen und friedlich, ja sogar freundschaftlich zusammenzuleben. Das geht um so einfacher, je weniger schlechte Erfahrungen mit der anderen Art die ungleichen Partner in die Beziehung mitbringen. Allerdings verhalten sich schon Welpen ohne Vorerfahrungen bei ihrer ersten Begegnung mit einer Katze sehr unterschiedlich: Der eine will sofort mit ihr spielen, der andere will sie beißen. Offenbar hat die über viele Generationen erfolgte Zucht und Erziehung (?) einiger Rassen auf „Raubzeugschärfe" hin genetische Spuren hinterlassen.

Unser Kurzhaardackel Seppel stürzte sich schon als Welpe „böse" auf jede Katze. Unser Boston-Terrier-Rüde, ein Gesellschaftshund, sah von Anfang an in Katzen einen Spiel- und Schmusepartner und war lange mit einer Katze befreundet. Er hat sein ganzes Leben lang nie mit der Absicht zu verletzen nach einem andersartigen Tier geschnappt. Vielleicht war bei seiner Beziehung zu der Katze auch hilfreich, dass Katze und Hund in etwa gleich groß waren. Unser großer Eurasier dagegen hatte nie Chancen bei Katzen. Als Junghund ging er neugierig und ohne sichtbare Aggressionen auf sie zu, bekam aber mehrmals mit schneller Pfote eine gelangt, bevor er wusste, wie ihm geschah. Diese schmerzhaften Erfahrungen haben ihn gegenüber Katzen vorsichtig und zurückhaltend gemacht, zumindest solange sie ihm gegenüberstehen, ihn anfauchen und Imponierhaltung einnehmen. Sobald sie weglaufen, möchte er gerne in gefährlicher Absicht hinterher – aber als gut erzogener Hund ...

Wenn Ihr Hund ein Katzenfreund ist, müssen Sie an ihm in dieser Beziehung nicht herumerziehen. Sollte Ihr Hund aber Katzen nicht leiden können und auf sie losgehen, braucht er Erziehung. Übrigens gibt es viele Hunde, die mit den Familienkatzen in bester Harmonie leben, draußen aber mit geradezu fanatischem Eifer Katzen hetzen und auch beißen, wenn sie sie erwischen. Da sind Hunde leider sehr menschlich: Auch viele Hundebesitzer mögen letztlich nur ihren eigenen

Hund, vielleicht noch die Mitglieder seiner Rasse; um das Wohl anderer Hunde scheren sie sich dagegen wenig, und Mischlinge sind für so manchen Rassefanatiker minderwertig.

Leider gibt es auch in unserer Zeit noch Menschen, für die Katzen nur lästiges, schädliches Raubzeug sind, bei dem es auf ein paar mehr oder weniger nicht ankommt. Andere haben vielleicht etwas von den neun Leben einer Katze gehört und meinen, dass man ihr einiges antun kann, ohne ein schlechtes Gewissen zu haben. In den Katzenhäusern der Tierheime merkt man schnell, dass die „gewöhnliche Hauskatze" zu den Wegwerfartikeln gehört. Es soll auch immer noch Menschen geben, die sich freuen, wenn ihr Hund eine Katze „wegputzt", sie also erbeißt, und die ihn zu allem Überfluss noch ermuntern, eine Katze zu jagen. Die junge Katze meiner Kinderzeit musste qualvoll sterben, weil ein Junge sie vom Zaunpfeiler wieder herunterholte, auf den sie sich geflüchtet hatte, und sie seinem Schäferhund wieder hinwarf ...

Die Katze tritt freundlich und selbstsicher auf; der Shepherd wirkt unsicher.

Wenn wir uns mit Recht Tierfreunde nennen wollen, dann muss uns das Leben einer fremden Katze genauso wichtig sein wie das unseres Hundes. Wir dürfen uns nicht darauf verlassen, dass jede verfolgte Katze schon einen Baum finden wird, um sich darauf in Sicherheit zu bringen.

Wenn wir Katzen mögen oder zumindest respektieren, werden wir auch die Energie aufbringen, unserem Hund klarzumachen, dass er ihnen nichts tun darf. Ich kenne z.B. in der Nachbarschaft eine graue Katze mit dem sinnigen Namen Mausi. Wenn ich mit Basko an ihrem Grundstück vorbeikomme, erscheint sie häufig und möchte gestreichelt werden. Basko hat gelernt, währenddessen artig in ca. zwei Meter Abstand „Sitz" zu machen. Allerdings guckt er demonstrativ weg, wahrscheinlich ist mein Tun für ihn so einfacher zu ertragen. Nehmen Sie also, wenn möglich, Kontakt zu Katzen auf, und zeigen Sie ihrem Hund dabei, was Sie von ihm erwarten. Vergessen Sie nicht, ihn zu loben, wenn er sich „beherrscht" hat. Wenn er eine Katze sieht und hinterher will, haben wir wieder in etwa das Joggerproblem. Nur taucht eine Katze meist noch überraschender als ein Jogger auf, und unser Hund bemerkt sie häufig schon lange vor uns.

Man kann z.B. gegen Abend in Katzengebieten mit ihm üben und dort auf und ab gehen, wo Katzen wohnen. Dazu nehmen wir unseren Katzenjäger an die Leine. Bei besonders engagierten Hunden ist der zusätzliche Gebrauch eines Kopfhalfters sehr hilfreich. Damit kann man den Kopf des Hundes zu sich wenden, so dass die Katze aus seinem Blickfeld ist. Die Strategie ist hier: Was er nicht weiß (sieht), das macht ihn nicht heiß. Aber Vorsicht: Am Halfter sollte man nicht heftig zerren und rucken, wenn man die Halswirbelsäule des Hundes gesund erhalten will! Eine ruhige Drehung des Kopfes ist richtig. Haben wir den Blick unseres Hundes auf uns gerichtet, kommen unsere Befehle wie „Sitz" viel besser durch.

Häufig sinnlos sind alleine dastehende Verbote wie: „Pfui, lass die Katze!" Schon das Wort Katze macht ihn noch zusätzlich heiß, und unseren scharf gesprochenen Befehl versteht so mancher Hund womöglich als Aggression von Seiten seines Menschen in Richtung Katze und fühlt sich in seinem Tun noch bestärkt. Besser als Verbote, also Aufforderungen zu Unterlassungen, sind ruhig und bestimmt gegebene Aufforderungen zum aktiven Tun, weil der Hund dann einen klaren Auftrag hat, was jetzt zu tun ist. Manchmal ist die Kombination von Verbot und Aufforderung, etwas zu tun, sinnvoll. Reagiert er auf Ihre Aufforderung, wird er natürlich sehr gelobt. Wenn er ein verspielter Typ ist, kann sich ein Spielchen anschließen. Dann registriert sein schlauer Kopf hoffentlich bald: „Immer wenn Katzen auftauchen, wird es bei meinem Menschen gut."

Man sollte sich allerdings im Klaren darüber sein, dass man Gehorsam in einer solchen Situation, die für unseren Hund einen enorm hohen Aufforderungscharakter zu passioniertem, aber unerwünschtem Tun hat, nur dann in den Griff bekommt, wenn man täglich am Grundgehorsam seines Hundes arbeitet. Nur dann „sitzen" hoffentlich nach und nach die Reaktionen auf Grundanordnungen wie „Halt", „Komm hier", „Sitz", „Platz", „Fuß" wenigstens in ablenkungsfreien Situationen. Damit wächst unsere Chance, auf unseren Hund auch dann einwirken zu können, wenn er gerade etwas sehr Wichtiges vor hat. Viele schwierige Übungen klappen nur verlässlich, wenn der Hund im Alltag klar die Leithundstellung seiner Menschen akzeptiert. Gar nicht so selten kann man beobachten, dass Hunde nur dann gehorchen, wenn sie gerade nichts Besseres vorhaben. Gehorsam als Überbrückung von Langeweile strebt aber wohl kaum ein Hundehalter an.

▶ **Haustiere**
Unsere Haus- und Nutztiere sind für den Hund zunächst potentielle Beute wie Reh, Maulwurf oder Feldhase. Für ihn besteht da kein Unterschied. (Für uns letztlich auch nicht, denn bis auf einige wenige Heimtiere essen wir sie ja alle auf, nur lassen wir andere für uns das Töten erledigen.)

In Gebieten mit Schafen (Deiche, Dünenlandschaften, Heidegebiete) gehören Hunde immer an die Leine. Wenn Schafe nicht durch Hütehunde beschützt werden, neigen sie zu panischer Massenflucht – im anderen Fall ginge es mit Recht unserem Hund sehr schlecht!

Ein Hund, der Pferde verbellt, bringt nicht nur sich selbst in Lebensgefahr, sondern gefährdet vor allem auch die Reiter. Pferde sind nun einmal schreckhafte „Fluchttiere", die daraufhin entsetzt durchgehen und ihren Reiter abwerfen können ... mit schlimmen Folgen. Hunde, die mit Pferden aufwachsen, verhalten sich ihnen gegenüber im allgemeinen richtig, alle anderen muss man zu sich heran rufen, wenn ein Reiter auftaucht bzw. in Gebieten mit Reitern an der Leine führen,

Trotz seiner Größe ist das Pferd ein schreckhaftes Fluchttier. Wenn es einmal rennt, haben viele Hunde einen starken Drang, hinterher zu hetzen.

züchter verletzte Tiere haben, deshalb wurde den Hunden nie mehr als Zwicken oder Kneifen der Herdentiere erlaubt. Auch der typische Herdentreibhund ist ein Jäger, allerdings ein sehr beherrschter, der auf das Totbeißen verzichtet.

Emilys hohe Begabung in Bezug auf das Dirigieren von Herden darf aber keinesfalls dazu führen, dass ich ihr ihren Spaß auf irgendeiner Koppel gönne, wenn es keiner sieht. Leider weiß ich, dass Besitzer solcher Hunde, auch Besitzer von Border Collies und ähnlichen engagierten Herdentreibern, der Versuchung manchmal nicht widerstehen können und ihre Hochleistungshunde auf Herden loslassen. Andere Halter stehen hilflos und erstaunt da, wenn ihr Herdentreibhund plötzlich nicht mehr gehorcht, auf eine Weide stürmt und die Rinder (Pferde, Dammwild, Gänse, Schafe, Schweine, die fanatischen Hüter sind nicht wählerisch!) zusammentreibt. Der Besitzer eines solchen Hütespezialisten muss mit dem Ungehorsam seines an sich sehr unterordnungsbereiten Hundes rechnen, wenn der eine Herde vor sich sieht. Dann spricht in ihm die Stimme des Blutes (der Gene) einen fast unwiderstehlichen Befehl: „Los, treib die Herde!!!"

wenn sie beim Anblick eines Reiters nicht mehr gehorchen.

Unsere kleine wilde Australierin, die Cattle Dog Hündin Emily, würde für ihr Leben gern irgendwelche Herden zusammen treiben. Schließlich hat man von ihren Vorfahren immer die zur Zucht genommen, die engagierte, begabte Herdentreiber waren, und nun liegt es ihr im Blut. Genauso angezüchtet ist ihr eine ausgeprägte Beißhemmung selbst bei vollem Einsatz. Schließlich wollte kein Rinder- oder Schaf-

Damit sind wir dann wieder bei der Rücksichtslosigkeit, die dazu beiträgt, dass „gegen" Hunde und ihre Menschen immer neue Reglementierungen nötig zu sein scheinen. Unser Hund darf viele Bedürfnisse nicht mehr ausleben, und wir sollten uns vor der Anschaffung eines Hundes sehr gut überlegen, ob wir uns und ihm nicht einen großen Gefallen tun, wenn wir einen Hundetyp auswählen, dem Schmusen,

Spiel und Spaß in der Familie zum glücklichen Leben ausreichen. Es gehört schon viel Einsatz dazu, einer Spezialistin wie unserer Emily, die voller Power, Einsatzfreude und Klugheit steckt, so viel Ersatzbefriedigungen zu bieten, dass sie ein gutes Hundeleben auch ohne Herde führt.

Es läuft immer wieder darauf hinaus: Unseren Hund können wir mit gutem Gewissen nur dann frei laufen lassen, wenn er bestimmte Befehle zuverlässig – also auch dann, wenn es drauf ankommt – befolgt. Am wichtigsten ist, dass er in wirklich jeder Situation auf unseren Ruf hin zu uns kommt. Haben wir einen selbstständigen Hundetyp gewählt oder ein besonders selbstsicheres Individuum erwischt oder ist es mit unserer Pädagogik bei der Hundebeeinflussung nicht weit her, dann schaffen wir es wahrscheinlich nie und müssen dann unseren Hund leider konsequent an der Leine behalten oder in sicher umzäuntem Privatbesitz laufen lassen.

Wenn wir unseren Hund – hoffentlich – erst einmal bei uns haben, ergibt sich das Weitere je nach Situation von selbst. Leider gehört aber gerade das Heranrufen des frei laufenden Hundes zu den schwierigen Gehorsamsübungen, was aus den vorangegangenen Beispielen schon deutlich wurde.

Grundvoraussetzung für das Bedürfnis des Hundes, zu uns zu kommen, ist eine gute Beziehung zwischen uns. Welpenspielstunden, Agilitykurse, Hundeschulen, Hundesitter, Hundepensionen, Hundefriseure – all diese Helfer in Sachen Hund können eine vertrauensvolle Beziehung zwischen Halter und Hund nicht ersetzen.

Unter diesen verschiedenartigen Vierbeinern hat die Mini-Bullterrierhündin rechts das Sagen.

„Halt" statt „Hier"

Manche Hunde tun sich sehr schwer mit dem Zurückkommen zu ihrem Menschen, wenn sie etwas Interessantes entdeckt haben. Wenn man bei diesen Hunden jedenfalls erreicht, dass sie auf „Halt" hin stehen bleiben, bis wir bei ihnen sind oder das Objekt ihrer Lust wieder weg ist, ist auch das ein akzeptabler Erfolg. Selbstständige Typen wie Chow-Chows, Eurasier, Beagle reagieren deutlich besser auf „Halt" als auf Rückruf.
Voraussetzung für das Freilaufen ist, dass wir unseren Hund in seinem Vorwärtsdrang zumindest stoppen können. Besser ist es, wenn er sich verlässlich zurückrufen lässt.

▸ Das „jagdbare Wild"

Plötzlich sitzt es da, das kleine Kaninchen, und unser Hund spürt auf einmal in sich, was seine wölfischen Vorfahren schon vor 15 000 Jahren spürten: den Jagdtrieb. Und schon saust er los. Viele Hundebesitzer sehen dieses Verhalten leider allzu locker, zumindest dann, wenn keine gefährliche Straße in der Nähe ist, auf der Ihr Liebling zur Strecke gebracht werden könnte, und sie erklären es beschwichtigend mit dem Hinweis: „Der erwischt sowieso nichts!"

Das stimmt zwar häufig, nur ist es keinem frei lebenden Tier in unserer dichtbesiedelten Umwelt zumutbar, Tag für Tag mehrmals aufgescheucht und durch die Gegend gehetzt zu werden, nur damit unsere Hunde zu ihrem Vergnügen kommen. Und wir gehen sträflich blind durch die Gegend, wenn wir nicht erkennen, dass die Wildtiere dadurch erheblichen Schaden nehmen. Sie können ihre Jungen nicht in Ruhe großziehen, können nicht in Ruhe fressen und schlafen, laufen in ihrer Panik in Stacheldrahtzäune oder vor Autos, und sie verbrauchen dadurch im Winter ihre Fettreserven, die sie dringend brauchen. Außerdem weiß ich, dass viele Hunde doch etwas erwischen. Unser Eurasier, Mitglied einer Rasse mit häufig eher zurückgezüchtetem Jagdtrieb, hat an der Leine (!) bereits zwei Kaninchen – ein erwachsenes, gesundes und ein junges – erwischt und sofort erbissen, außerdem zwei Ratten (erwachsen), mehrere Maulwürfe und unzählige Mäuse. Auch einen jungen Feldhasen hat er als Welpe (vier Monate) am Wegrand entdeckt, und er hat versucht, ihn mit dem Mäusesprung seiner wilden Ahnen tot zu springen. Zum Glück war Basko damals noch leicht und wie üblich in Gebieten mit Wild an der Leine, so dass der kleine Hase unbeschadet entkommen konnte ... und hoffentlich von seiner Mutter unverletzt wiedergefunden und angenommen wurde, die er als Säugling noch dringend brauchte.

Unser Eurasier ist trotz Rassestandard und Zuchtzielen ein fanatischer Jäger, der es sogar schon fertig gebracht hat, eine läufige Hündin im Wald stehen zu lassen, die ihm ein Abenteuer versprach, um mit flackerndem, abwesendem Blick einer Wildspur zu folgen ...

Eine leichte Beute sind für frei herumstöbernde Hunde auch die lange Zeit flugunfähigen Küken von Fasanen, Rebhühnern, Kiebitzen und die Gelege von Wildenten.

Keiner sollte sich einen Hund halten, der nicht Tierfreund genug ist, Rücksicht auf die anderen Tiere zu nehmen. In Gebieten mit Wild gehören Hunde mit „nicht abrufbarem Jagdtrieb" konsequent an die Leine, d.h. alle die, die nicht zuverlässig immer (!) auf

Ruf oder Pfiff zurückkommen, wenn sie hinter irgendeinem Wild oder einer Spur her sind. Wenn wir ehrlich sind, sind das sehr viele!

Und wer weiß von seinem Hund schon, welches Ausmaß an Jagdlust in ihm steckt, bevor es das erste Mal passiert ist? Man steht sehr hilflos da, wenn Freund Hund auf einmal mit einem eigenartig fremden, gierigen Gesichtsausdruck im Unterholz verschwindet, man es noch kurze Zeit knacken und rascheln hört, und er dann weg ist. Vielleicht hört man auch noch ein sich schnell entferndes helles Jaulen, „Spurlaut geben" nennen das die Jäger, und dann ist Ruhe.

Meistens (!) kommt er nach zehn bis 30 Minuten völlig abgehetzt wieder auf seiner eigenen Spur zurück und „strahlt breit hechelnd übers ganze Gesicht". Schimpfen dürfen wir jetzt nicht mit ihm, das würde er ja nur auf seine Rückkehr beziehen, nicht auf seine Unternehmung. Außerdem sind wir natürlich heilfroh, ihn wiederzuhaben! Haben wir ihn doch in diesen endlosen Minuten, in denen wir nichts Besseres tun konnten, als uns nicht von der Stelle zu rühren, schon unterm Auto, an der Kehle eines Rehs, von einer Jägerkugel getroffen oder hilflos verirrt gesehen.

Machen wir uns nichts vor: Solche Erlebnisse gefallen unserem Hund ausnehmend gut, selbst wenn er nichts erbeutet. Es sind für ihn so genannte Schlüsselerlebnisse, die ihn prägen, d.h. sein weiteres Verhalten entscheidend mitbestimmen. Wenn das nächste Mal seine Jagdlust geweckt wird, hält ihn kein noch so verlockender Lecker-

Erheblich benachteiligt durch sein „tiefer gelegtes" Hüftgelenk, ist er trotzdem ein gefährlicher Jäger, wenn er außer Kontrolle gerät.

bissen und meist auch kein Befehl, nur eine gute Leine. Mein Großvater, ein begeisterter Hobbyjäger, sagte mit Überzeugung: „Ein Jagdhund, der einmal gewildert hat, ist versaut!"

Die Jäger stehen im Ruf, nicht zimperlich im Aussortieren von vierbeinigen Jagdgehilfen zu sein, die unerwünschte Eigeninitiative entwickeln. Wie schwer selbst Jäger mit dem unregulierbaren Jagdtrieb ihrer Hunde fertig werden, sieht man an ihrer Findigkeit beim Einsatz von Erziehungshilfen: Die schon erwähnten Halsbänder, die bei Bedarf elektrische Strafreize abgeben, werden bei ihnen in der Erziehungsphase häufig benutzt. Zudem führen Jäger ihre Hunde meistens von kurzen Einsatzphasen abgesehen an der Leine.

Nun verfügen normale Hundehalter selten über so große Ferneinwirkung auf ihren Hund, deshalb gehören alle Hunde, die im Wald gerne vom rechten Weg abkommen, an die Leine. Rechnen Sie sich einmal aus, wie oft Wild gestört wird, wenn jeder Hund im Durchschnitt nur einmal wildert, und seine Besitzer erst dann die Konsequenz ziehen, dass er an die Leine muss.

Und halten Sie sich immer vor Augen: Wenn Ihr Hund jagt, ist das etwas ganz Natürliches für ihn. Er kennt kein Mitleid mit dem niedlichen Kitz, und er kaut mit Begeisterung auf einem Kaninchen oder einer Maus herum. Er freut sich, wenn ein Reh im Stacheldraht hängen bleibt und er es reißen kann. Wenn er ein einigermaßen natürlicher Hund ist, trägt er dieses Verhalten tief in sich, es ist ein Instinktverhalten, das über viele Jahrtausende für seine Vorfahren überlebenswichtig war. Ein schlechtes Gewissen kennt er nicht, wenn er getötet hat. Wenn Sie aber Ihren Hund hetzen und jagen lassen – und sei es auch „nur" ein Karnickel –, ist das verantwortungslos und *Sie* sollten das schlechte Gewissen haben! Sie entpuppen sich nämlich dann als rücksichtsloser Tierquäler, der bedrohlich in den Lebensraum anderer Tiere eingreift – zur Belustigung Ihres Hundes.

Sollte Rücksicht auf Wild nicht Ihr Ding sein, motiviert Sie vielleicht dieser Hinweis zu wildschonendem Verhalten: Jährlich werden in Deutschland ca. 36.000 wildernde, d.h. im Wald herrenlose herumstreunende Hunde erschossen, also ca. 100 pro Tag! Den frei lebenden Tieren kann es letztlich egal sein, ob Sie Ihren Hund im Wald aus Angst um sein Leben oder aus Sorge um das Wohl der Waldtiere anleinen. Wenn Sie nur an das Wohl Ihres eigenen Hundes denken, bestätigen Sie damit allerdings die oft geäußerte arrogante Meinung wahrlich nicht, dass

Blickkontakt zum vertrauten Menschen und das Zugeständnis: „O.k., ich weiß, ich soll sie nicht jagen und ich jage sie auch nicht!"

Hundehalter die besseren Menschen seien.

Gerade in Bezug auf den Jagdtrieb müssen unsere Hunde große Zugeständnisse an uns Menschen machen, weil die lustvolle Jagd auf Tiere zu Recht allen außer den jagdlich geführten Gebrauchshunden streng verboten ist. Und selbst die Profi-Jagdhunde dürfen nur noch Hilfsdienste leisten. Von der freien selbstbestimmten Jagd der Wolfsrudel ist nicht viel übrig geblieben. Deshalb ist es in der Hundezucht sehr sinnvoll – und leider sehr schwer –, den Jagdtrieb wegzuzüchten oder zumindest abzumildern. Noch schwieriger wird es dadurch, dass unsere Rassehundzucht sich stark am äußeren Erscheinungsbild der Hunde orientiert. Auf Ausstellungen interessiert nur, ob der Rauhaardackel die richtige Fellstruktur, die richtigen Proportionen, die richtige Saufarbe usw. hat. Selbst wenn die Nachkommen später nur an Städter verkauft werden, werden oft passionierte Jägertypen für die Zucht benutzt.

Wenn Ihr Jäger eine Spielernatur ist, schaffen Sie ihm eine Ersatzbefriedigung durch regelmäßiges Apportieren! Wenn Ihr Jäger ein Windhund ist, also ein Jäger, der auf Sicht hetzt, dann gibt es für ihn die tolle Chance, auf der Rennbahn hinter einem Fell herzujagen. Nicht Ihr Ehrgeiz, einen Rennsieger hervorzubringen, sollte Sie zur Rennbahn locken, sondern der Wunsch, dem Hund eine bedürfnisgerechte Betätigung zu ermöglichen! Und sonst bieten Sie ihm doch zumindest die kleine Freiheit einer langen Leine (siehe Seite 87).

Sollte Ihr Hund etwas erbeutet haben, liegt die Verantwortung bei Ihnen! Reißen Sie ihn nicht von einem schon verletzten Beutetier weg! Insbesondere bei kleinen Beutetieren ist es besser, ihn die Beute ganz töten zu lassen. Oder bringen Sie es fertig, einen todwunden jungen Hasen zu töten? Ganz inhuman ist es, wenn Sie es fertig bringen, ein verletztes Tier einfach liegen zu lassen! Ein verletztes Wild, das mit letzter Kraft wegläuft, muss sich oft lange quälen, bis es verendet. Es hat fast keine Überlebenschance.

Gerade Hundehalter lästern oft über das Verhalten von Jägern. Wenn diese allerdings ein verletztes Tier in ihrem Revier vermuten – sei es durch die Jagd oder einen Unfall –, ist die Nachsuche und wenn nötig der Gnadenschuss, der Fangschuss, selbstverständlich. Informieren Sie deshalb den Revierbesitzer oder die zuständige Polizei, wenn Ihr Hund z.B. ein Reh erwischt und mit großer Wahrscheinlichkeit verletzt hat, auch wenn Sie dadurch eingestehen müssen, dass Sie sich im Wald falsch verhalten haben. Die Hoffnung, dem verletzten Tier zu helfen, sollte Ihnen Mut machen. Auch wenn in der Einsamkeit der Natur, wo es meistens keine Zeugen gibt, der innere Schweinehund stark ist, der einem rät: „Nichts wie weg!"

Viele kleine Hunderassen, die schon lange als Gesellschaftshunde gehalten

Gutes Benehmen gegenüber Vögeln

Enten, Schwäne etc. ruhen sich meist an ihren Stammplätzen aus. Rufen Sie dort Ihren Hund rechtzeitig heran, und lassen Sie ihn „Bei Fuß" gehen. Wenn er Ihnen dabei leicht entwischt, sollten Sie ihn an die – lockere – Leine nehmen und entschlossen zurechtweisen (barsche Stimme, deutlicher Ruck an der Leine, eventuell energischer Griff ins Nackenfell), wenn er nicht gehorcht und zum Wasser strebt. Bedenken Sie: Jede lustbetonte Jagd macht ihn gieriger. Während der Brutzeit gehören alle Hunde, die sich nur im Geringsten für Wasservögel interessieren oder die Uferzonen betreten, im Bereich von Gewässern konsequent an die Leine.

werden, sind zum Glück kaum noch hinter Wild her. Sie nehmen Kaninchen, Küken und ähnliches eher als Spielpartner, was nicht ausschließt, dass sie diese beunruhigen können. Welches Wildkaninchen spielt schon gerne mit einem Hund!

An Seen und Teichen ist der Hund bereits eine massive Störung, wenn er Wassergeflügel aufscheucht, das sich am Ufer ausruht. Wenn er dann auch noch hinterher schwimmt, wird es bedrohlich. Ob er es nur aus Spiel- oder aus Jagdtrieb tut, ist dabei unerheblich. Auch dass er selten etwas erwischt, ist keine Entschuldigung.

Heilsam kann es für Ihren kleineren Hund sein, allerdings auch nicht ungefährlich, wenn er an einen Schwan gerät, der ihm eine Straflektion erteilt. Einem Hund, der einmal vom Schnabel und den Flügeln eines so starken Vogels traktiert worden ist, vergeht wahrscheinlich die Lust am Vögelscheuchen. Bei großen Hunden kann der Schwan diese Erziehungsarbeit leider oft nicht leisten, weil er zum Opfer wird.

An diesem Beispiel wird deutlich, dass wirksame Erziehungsmaßnahmen nicht unbedingt von uns kommen müssen. Wenn ein Hund z.B. bei der Verfolgung eines Kaninchens in einen Stacheldrahtzaun rennt und sich wehtut, ist auch das eine Erfahrung, die ihn nachhaltig erzieht.

Rücksicht nehmen

Unser Hund darf sich nicht auf Kosten des Wildes vergnügen. Wir sind für ihn verantwortlich und müssen ihn verlässlich an solchen Aktivitäten hindern, sonst verhalten wir uns sträflich rücksichtslos.

Frühe Gewöhnung an Umwelteindrücke

▶ Beim Züchter   ▶ Beim Besitzer

▶ **Beim Züchter**

Für einen Welpen sind die ersten Lebensmonate so entscheidend wichtig wie für ein Menschenkind die ersten Lebensjahre. Schon mit sechs Monaten befinden sich die Welpen in der Pubertät – einer Phase der Unsicherheit und Verselbstständigung, während der die Erziehung schwirig wird.

Die ersten acht Wochen trägt der Züchter zusammen mit der Mutterhündin die Verantwortung. Für den Säugling ist es prägend fürs Leben, wie gut er von seiner Mutter versorgt und angeleitet wird und welche Entfaltungsmöglichkeiten und Menschenerfahrungen der Züchter ihm bietet.

Schon mit etwa drei Wochen hat der unbeholfene Welpe das Bedürfnis, seine Wurfkiste zu verlassen und die nähere Umgebung zu erkunden. Von da an braucht er eine Umwelt, aus der er lernen kann. Nichts ist geist- und seelentötender als ein Umfeld, im dem es nichts zu erforschen gibt, weil da nur Sägespäne und vier hohe Wände sind.

Das Hundekind erforscht seine Umwelt mit allen Sinnen. Wie das Menschenkind begreift auch der Welpe besonders gut, was er einmal in den Mund genommen hat. Er kaut und knabbert deshalb an allem herum. Die kleine Nase ist – anders als Augen und Ohren – schon von Geburt an aktiv. Zunächst erschnuppert der Neugeborene damit die Zitzen der Mutter, später vermittelt sie ihm unendlich viele Infos: Das Hundekind erschnuppert den Duft seiner Menschen, den Duft von Erde und Gras, von Kauknochen und Spielbällchen, vom Mittagessen, das in der Küche brutzelt oder auch von den Abgasen der Autos, die am Grundstück vorbeifahren. Er kann die Besucher erleben, die ins Haus kommen, und hoffentlich auch erste Erfahrungen mit kleinen Kindern machen.

Ab der fünften Woche gehört der Welpe zumindest stundenweise nach draußen in einen geräumigen, gesicherten Auslauf mit vielfältigen Angeboten: Röhren zum Durchkriechen, kleine Stege zum Balancieren, Äste zum Drüberhüpfen, Spielzeug zum Umhertragen und für Beutespiele mit den Geschwistern, Erde zum Buddeln, vielleicht ein flaches (!) Wasserbecken für erste Planschfreuden mit einem Brett als Steg darüber (bei kaltem Wetter nicht sinnvoll), ein paar Dosen, die scheppern, usw.

Auch bei Dunkelheit sollte der Welpe ab und zu nach draußen dürfen. Der ganz junge Welpe braucht schon Erfahrungen mit Sonne, Regen und Wind; ganz nebenbei hört er draußen Vögel und andere Hunde und viele andere Geräusche und wird so vertraut mit seiner Umwelt. Je besser er sie kennen lernt, ohne dass ihm dabei etwas passiert, um so sicherer fühlt er sich.

Ein guter Züchter hält sich viel im Aktionsbereich der Kleinen auf und redet und spielt mit ihnen. Dadurch wird der Mensch vom Welpen ganz selbstverständlich als Sozialpartner erfahren. Nur wenn der Welpe sich in seinem Zuhause geborgen fühlt, hat er die nötige Motivation, sich neugierig und freudig aufs Lernen zu konzentrieren und sich seine Umwelt vertraut zu machen. Ideal ist es, wenn Kleinkinder und Katzen und andere Haustiere ab und zu in seiner Kinderstube auftauchen, also sozusagen zum Rudel gehören.

▶ Beim Besitzer

Wenn jeder Käufer sich seiner Verantwortung bewusst wäre und darauf achten würde, nur einen Welpen, Rassehund oder Mischling, aus guter Kinderstube zu erwerben, brauchten wir keine Gesetze gegen kommerzielle Massenzucht und Hundehandel. Welpen, die in einer artgemäßen, guten Welpenstube aufwachsen, werden zwar vielleicht keine Weltsieger in Schönheitskonkurrenzen, sie werden aber mit großer Wahrscheinlichkeit kleine Welteroberer, die die Herausforderung Leben mit Selbstvertrauen aufnehmen.

Sobald der Halter den Welpen übernommen hat, trägt er die Verantwortung. Er muss dem Kleinen in den nächsten Wochen all das vertraut machen, was in seinem Leben eine Rolle spielen wird: Brücken, Fahrstühle, laute Baustellen, Treppen. Möglichst bald sollte er mit ihm U-Bahn, Straßenbahn bzw. Bus fahren und ihn im Auto mitnehmen. Die Fahrten sollten zunächst kurz sein und bei einem attraktiven Ziel enden, denn das vierbeinige Familienmitglied soll ja lernen, sich auf solche gemeinsamen Unternehmungen zu freuen. Ein ideales Ziel ist die Freilaufzone, wo er die verschiedensten Hunde trifft.

Viele Hundehalter meinen, ihr Welpe dürfte dort erst hin, wenn er vollen Impfschutz hat, und halten ihn nach der Übernahme wochenlang ängstlich von anderen Hunden fern. Man sollte das kleine Risiko einer Infektion eingehen und dem Welpen täglich Hundekontakte ermöglichen und so verhindern, dass bei ihm eine entscheidende Entwicklungsphase ungenutzt vergeht.

Man erzieht seinen Welpen unwillentlich zum ängstlichen Hund, wenn man ihn nach der Übernahme zu sehr abschottet und meint, ihn vor der hektischen, lauten Umwelt behüten zu müssen. Er muss sich in dieser Umwelt zurechtfinden und wohlfühlen, und das lernt er nie so leicht wie als junger Welpe bis zum Alter von etwa vier Monaten. In diesem Alter heftet er sich an unsere Hacken und ist geradezu lernbegierig. Wenn wir ihm in diesem Alter Leute mit Regenschirm, Kinderwagen, Stock oder sonstigen Gehhilfen, Rollstuhlfahrer, Kinder mit Schlitten oder Ranzen, Inlinescater zeigen und er merkt, dass das alles harmlose „Normalerscheinungen" sind, wird er als Jugendlicher durch ihr Auftauchen nicht mehr verunsichert werden und sie womöglich aus Angst heraus umkreisen, anbellen oder sogar anknurren oder an ihnen hochspringen.

> **Früh übt sich**
>
> Ungewöhnliche Gestalten, Geräusche und Bewegungen werden für den Hund schnell alltäglich und uninteressant, wenn er schon als Welpe damit vertraut gemacht wird. Einem guten Teamchef gelingt es, den Welpen und Junghund zu motivieren und ihm ausdrückliche Anerkennung für erbrachte Leistung zu zeigen.

Geschäftliche Probleme

75 ▸ **Probleme haufenweise** 79 ▸ **Hoch das Bein**

Hunde haben ein natürliches Verhältnis zu ihren Ausscheidungen: Ihnen ist weder ihr eigener Kot noch ihr Urin eklig, und die Produkte ihrer Artgenossen finden sie ausgesprochen „dufte".

Wir können also von unserem Hund wirklich nicht erwarten, dass er sich verschämt in einen stillen Winkel verzieht, um dort seinen hündischen Bedürfnissen nachzukommen! Der normale Hund will mit seinen Ausscheidungen möglichst deutliche Spuren hinterlassen, sozusagen Nachrichten für seine Mithunde. Und er platziert sie so, dass sie von vielen anderen Hunden gerochen werden. Deshalb setzen viele erwachsene Hunde ihre Häufchen – oder Riesenhaufen – vorzugsweise auf erhöhte Stellen wie Mauersimse, Maulwurfshügel, Grasbüschel, Findlinge ...

Das Gute für uns Menschen ist, dass Hunde also, wenn sie die Wahl haben, mit einiger Wahrscheinlichkeit ihr wertvolles Produkt nicht einfach mitten auf dem Gehweg deponieren. Aber es gibt leider genug Artgenossen, die ihre „Tretminen" auch ohne Notlage auf dem Gehweg hinterlassen. Und leider gibt es auch genug rücksichtslose Hundebesitzer, die ihren Hund so selten nach draußen lassen, dass der dann nicht mehr lange nach einem geeigneten Platz suchen kann, weil er schrecklich nötig muss.

Junge Hunde überkommt der Drang, ähnlich wie kleine Kinder, sehr plötzlich, und sie hocken sich dann meist ohne Voranzeige dorthin, wo sie gerade sind.

Den zweiten Teil ihrer Geschäfte

Kaum eine Wiese in Ortschaften ist heute noch ein geeignetes Hundeklo. Der Kot sollte eingetütet und entsorgt werden.

nehmen Hunde noch wichtiger: Am Duft des Urins erkennt der Rüde die Hündin ebenso wie den Rivalen. Er erfährt, dass der Nachbarshund vor ihm den Weg entlanggegangen ist oder dass ein fremder Hund Zeichen gesetzt hat.

Mit einsetzender Geschlechtsreife übt der jugendliche Rüde, das Bein zu heben, damit er seine Duftmarken an exponierter Stelle möglichst hoch anbringen kann. Dabei geht der erfahrene Rüde äußerst sparsam mit dem Stoff um, aus dem seine Nachrichten sind. Er möchte schließlich nicht am Ende seines Weges „ohne" dastehen und keine Infos mehr schreiben können. Das wäre besonders ärgerlich, wenn er gerade dann noch einen interessanten Mithund oder gar eine heiße Hündin treffen würde.

Natürlich ist diese gute Einteilung zumindest zum Teil Instinktverhalten. Ein routinierter Rüde kommt während eines ca. halbstündigen Spaziergangs auf etwa 30- bis 50mal Beinheben. In aufregenden, weil unbekannten Gebieten und im Wohnbereich einer läufigen Hündin kann er noch viel öfter. Er kann sich allerdings auch dazu entschließen, sich gleich am ersten Baum „auslaufen" zu lassen, wenn er z.B. keine Lust mehr zum Abendspaziergang hat.

Wenn ein Rüde in die Wohnung einer Hündin zu Besuch kommt, kann er seine Menschenfamilie ganz schön in Verlegenheit bringen, wenn er plötzlich an einem Sessel, am Store oder einem anderen „geeigneten" Objekt das Bein hebt und markiert – und das, obwohl er sonst zuverlässig stubenrein ist. Er möchte sich ganz einfach der Hündin vorstellen, sich ins beste Licht rücken, und dafür erscheint ihm sein Duft besonders geeignet. Damit wirbt er für sich und macht gleichzeitig Ansprüche geltend. Noch schlimmer wird die Pinkelei, wenn zwei Rüden eine Hündin besuchen ...

Hündinnen sind in dieser Beziehung meist unproblematisch: Sie behalten das Verhalten bei, das alle Hunde als Welpen zeigen: sie kauern sich hin und lassen sich leer laufen. Manchmal gewöhnen sich Hündinnen allerdings das Markieren an und klettern dann oft sogar mit ihren Hinterbeinen ein Stückchen an Bäumen, Mauern u.ä. hoch, um ihre körperlichen Defizite auszugleichen und mit Rüden mithalten zu können. Je höher sie den Strahl platzieren können, um so eindrucksvoller ist die darin enthaltene Nachricht für den Mithund.

Kurz vor und während der Läufigkeit setzt eine Hündin ihren lockstoffreichen Urin in kleinen Portionen an strategisch wichtigen Punkten ab. Ihr Streben geht dahin, die Rüden zu informieren und anzulocken, was ihr auch – zum Leidwesen der Rüdenbesitzer – selbst über große Entfernungen bestens gelingt, trotz der Konkurrenz so vieler anderer intensiver Düfte.

So ist Markieren akzeptabel

Die „betriebseigenen Düfte" der Hunde sind für sie die allerwichtigsten. Sie sind ein wesentlicher Bestandteil ihrer Kommunikation innerhalb der eigenen Art. Die körpereigenen Düfte Ihrer Sozialpartner, der Menschen, sind für Hunde ebenfalls sehr wichtig. Unser Aufgabe ist es darauf zu achten, dass Hunde ihre Infos nur an geeigneten Stellen hinterlassen.

▶ Probleme haufenweise

So weit die natürlichen Bedürfnisse und Fähigkeiten unserer Hunde. Sie passen schlecht zu unseren Bedürfnissen: Wir treten nicht gern in weiche, stinkende Haufen und finden es äußerst widerlich, wenn wir unbemerkt unter unseren Schuhen, an Kinderwagen- oder Rollstuhlrädern diese „Naturprodukte" auf unsere Teppiche befördern, wo wir sie spätestens durch ihren penetranten Gestank entdecken. Selbst der fanatischste Hundenarr ist angeekelt, wenn er nichts ahnend im Auto sitzt und mit der zirkulierenden Frisch- oder Warmluft auch die Information in seine Nase gelangt, dass unter seinem Schuh auf dem Gas-pedal etwas ...

Genug der Anschaulichkeit. In Bezug auf dieses anrüchige Problem sind alle Hundehalter gefordert. Und es nützt leider sehr wenig, dass in der Theorie fast alle Hundehalter vorbildlich sind: Erstens tut Ihr Hund so etwas – natürlich – nicht, zweitens würden Sie sich sonst selbstverständlich sofort um die Entsorgung kümmern.

Eigenartig und ärgerlich nur, dass durch diese Versicherungen die Straßen und Parks nicht sauberer werden! Die Praxis sieht leider so aus: Herrchen und Frauchen bekommen ihr ahnungslos-unschuldiges „Ich-weiß-von-nichts"-Gesicht und gucken weg, während ihr Liebling eifrig drückt. Eventuell sehen sie noch einmal hastig um sich, ob womöglich ein unliebsamer Augenzeuge in der Nähe ist. Kaum ist ihr Hund fertig, gehen sie weiter, als sei nichts gewesen. Sehr zu Gute kommt ihnen bei dieser Strategie des Übersehens, dass Hunde bei der Erledigung ihrer Geschäfte sehr schnell sind: In wenigen Sekunden ist alles erledigt. Die Auswahl des geeigneten Platzes dauert allerdings länger, ist von Hundeunerfahrenen aber nicht als solche zu erkennen.

Mal ehrlich, es kostet auch den Gutwilligen große Überwindung, das, was man verniedlichend Würstchen, Häufi, Dutt oder sonst wie nennt und was beim derzeitigen Trend zu großen Hunden meist ein ganz ausgewachsener Stinkehaufen ist, zu entsorgen. Wir sind das ja auch überhaupt nicht mehr gewöhnt: Unsere Klos sind so dezent, dass wir unsere eigenen Stoffwechselprodukte kaum noch zu Gesicht bekommen.

Für den Hundehalter gilt es, auch wenn's schwer fällt, Ekelanwandlungen zu überwinden. Am Besten übt man solche „peinlichen" Handgriffe, wenn keiner zuguckt. Wenn auch gerade dann zugegebenermaßen die Versuchung, sich aus dem Staub zu machen, fast unwiderstehlich groß ist! Aber nur, was man ohne Schaulustige geübt hat, kann man in der belebten Fußgängerzone souverän handhaben.

Das kleinste Problem bei der Entsorgung sind die Hilfsmittel. Angeboten werden für diesen Zweck meistens Kombinationen aus Papp-Einweg-Schaufeln (oder einem ähnlich gearteten Aufnahmegerät) und einer Plastiktüte, aber selbst eine Art Golfschläger zum Wegkicken ist im Handel ... Eine ganz normale und entsprechend billige, kleine Plastiktüte tut es auch, sie muss nur groß genug sein, dass man die Finger darin spreizen kann. Für schüchterne Typen, die nicht gerne als Kotträger auffallen, sind blickdichte Tüten empfehlenswert.

Eine Hand in die Tüte – Objekt greifen – Tüte mit der anderen Hand darüber stülpen – Tüte verknoten – so einfach ist das! Obwohl man es kaum für möglich hält: Die Hände bleiben sauber. Allerdings hat man nun diesen Beutel auf dem Hals, auch wenn man ihn nur in der Hand hält. Inzwischen ist es wohl erlaubt, ihn in öffentliche Abfallbehälter zu tun; manche Städte haben in Parks sogar Spezialbehälter aufgestellt.

In normalen Wohngebieten muss man wohl oder übel das Bündel für den Rest des Spaziergangs mitnehmen, weil keine Papierkörbe am Wegesrand stehen. Unfein ist es, die Packung still und heimlich in die nächste private Mülltonne zu stecken und, wenn man dabei ertappt wird, dreist zu sagen: „Seien Sie froh, dass ich den Scheiß nicht vor Ihrem Grundstück liegen lasse!"

Gegen die Eintütung in Plastik spricht zwar, dass diese Tüten in der Herstellung und im Müll eine Umweltbelastung darstellen, während sich Hundekot, den man einfach liegen lässt, mit Hilfe von Bakterien und sonstigem Kleingetier mehr oder weniger schnell unschädlich auflöst. (Im Winter und bei Trockenheit leider weniger schnell! Es kann dann Monate dauern.) Aber so lange wir die Mehrzahl unserer Lebensmittel in aufwendiger Verpackung kaufen,

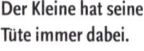

Der Kleine hat seine Tüte immer dabei.

sollten wir nicht gerade hier Umweltbewusstsein vorschieben, um uns auf diese Weise vor einer unangenehmen Tätigkeit zu drücken!

Der Hundekot ist an vielen Stellen ein Haufen berechtigten Anstoßes, deshalb sind wir Hundehalter hier gefordert. Auch das Argument der Hundehalter, dass sie ja schließlich Steuern zahlen, für die gefälligst auch etwas getan werden sollte, entbindet sie nicht von ihrer Verantwortung.

Gewöhnen Sie Ihrem Hund möglichst von klein auf an unproblematische Plätze für sein großes Geschäft, z.B. Wildwuchs-Straßenränder, unter Büschen u.ä. Suchen Sie diese Plätze in Ihrer Nähe, damit Sie Ihre guten Vorsätze auch täglich verwirklichen können.

Bringen Sie Ihrem Hund ein Wort für sein großes Geschäft bei, sei das nun Häufi, Würstchen oder Wutzi. Dann können Sie nämlich mit ihm über diese Dinge sprechen. Meine Hunde haben immer bereitwillig probiert, was „sich machen lässt", wenn ich sie ermuntert habe: „Mach ein Wutzi, Basko, hier ist's fein!" Natürlich müssen Sie Ihren Hund hinterher loben.

Unserem sensiblen Eurasier vergeht allerdings sehr leicht sein Bedürfnis für den ganzen restlichen Spaziergang, wenn ich ihn bei seinen Vorbereitungen an unpassender Lokalität gestört und ihn informiert habe: „Basko, nein, hier kein Wutzi!" Hunde tun sehr viel, um es ihren Menschen recht zu machen! Sorgen Sie also dafür, dass Ihr Hund sich an geeigneter Stelle gelöst hat, bevor Sie Ihn mit in Fußgängerzonen oder ähnliche Problemgebiete nehmen.

Orientieren Sie sich in Fußgängerzonen und ähnlichen Gebieten, bevor der „Ernstfall" eintritt, Ihr Hund also dringend mal muss, wo es ein geeignetes Plätzchen gibt, an dem er in Ruhe drücken kann. Wenn Sie als aufmerksamer Hundebesitzer dann merken, dass Ihr Hund Vorbereitungen trifft, dort zu wollen, wo er nicht soll (schnüffelnd sucht, einen größeren Popo bekommt und vielleicht sogar anfängt, sich krumm zu machen), informieren Sie ihn: „Nein, hier kein Wutzi! Komm schnell!" Und wenn es Ihre Kondition zulässt, laufen Sie mit ihm schnell zum ausgekundschafteten Platz.

Beim Rennen vergeht dem gestörten Hund meist zumindest für kurze Zeit das dringende Bedürfnis. Vielleicht ist er auch für längere Zeit verunsichert und macht trotz Aufforderungen: „Hier ist's fein, mach ein Wutzi!" gar nichts mehr. Wenn er auf diese Art so nebenbei lernt, sich in bestimmten Gebieten zurückzuhalten, ist das durchaus ein erwünschter Nebeneffekt. Er muss aber natürlich ausreichend Gelegenheit bekommen, woanders in Ruhe zu dürfen, und zwar, *bevor* er für längere Zeit mit in „Tabuzonen" geht.

Wenn Sie gute Nerven haben und Ihr Hund ein sensibles Kerlchen ist, das Sie nicht unterbrechen wollen, dann lassen Sie ihn lieber drücken, auch mitten im dichtesten Fußgängergewühl. Dabei sollten Sie schon demonstrativ Ihre „Entsorgungsutensilien" hervor holen, sonst ergießen sich die Unmutsäußerungen, wenn nicht gar Beschimpfungen über Sie, bevor Ihr Hund fertig ist. In solchen Situationen können Sie nur hoffen, dass Ihr Hund ein griffiges, handliches Produkt liefert.

Wir müssen uns immer wieder klarmachen, dass Hundekot nur noch an ganz wenigen Plätzen bedenkenlos lagern kann: Abseits der Wege im

Wald, am Rand von Feldwegen, vielleicht im eigenen Garten, wenn man selbst, und vor allem der Hund, das akzeptiert.

Diese Plätze sind kein Hundeklo

☐ Hecken am Rande von Fußwegen, unter die man alles schiebt: Nicht selten ist gleich dahinter eine Terrasse, auf der gerade jemand gemütlich Kaffee trinkt.

☐ Rasenflächen in Parks: Sie dürfen zum Glück meistens begangen und bespielt werden und dienen an schönen Tagen als Liegeflächen. Außerdem mäht keiner gerne Kothaufen. Auch im Winter sollte man solche Rasenflächen nicht als Hundeklo nutzen, denn auch während des Winters gibt es schöne Tage, die zum Spielen oder Laufen auf der Wiese locken. Zudem ist Hundekot im Winter sehr haltbar, weil Schnecke, Fliege und Co. während dieser Jahreszeit nicht bei der Entsorgung mithelfen, und auch Bakterien bei Kälte schlecht arbeiten.

☐ Direkt am Kantstein: Ganz davon abgesehen, dass der Hund gefährlich nahe an vorbei fahrende Autos gerät, „treffen" Autofahrer, die am Kantstein parken und aussteigen, mit großer Wahrscheinlichkeit mitten hinein.

Achtung: die in der Checkliste genannten Plätze sind nur auf den ersten Blick als Dauerdeponie geeignet.
Alle Hundehalter müssen sich dringend abgewöhnen, die Stoffwechselprodukte ihrer Lieblinge nur mit einem gewissen Besitzerstolz zu betrachten und sich zu freuen, wenn sie wohlgeraten sind und auf ein intaktes Innenleben schließen lassen. Außenstehende haben diese Freudengefühle nicht, ganz im Gegenteil!

Hunde lieben Kinderspielplätze! Die einen, weil sie gern mit Kindern spielen, andere, weil sie im Sand die große Tobelust packt, und leider wirkt bei vielen der Sand sehr stimulierend, dort „geschäftlich tätig" zu werden! Deshalb sollten Sie mit Ihrem Hund um Spielplätze einen großen Bogen machen oder ihn an die Leine nehmen. Das gilt insbesondere auch für den Abendspaziergang, wenn der Spielplatz leer und die Versuchung groß ist!

An Stränden haben wir dasselbe Problem, wenn wir unseren Hund überhaupt noch dorthin mitnehmen dürfen. Deshalb sollten selbst die, die das Ozonloch ignorieren und „ganz ohne" Sand, Sonne und Meer genießen, stets einige Tüten mit sich tragen. Das Salzwasser kann beim Hund durchschlagende Wirkung haben! Und das nicht nur einmal! Bitte schieben Sie nicht einfach Sand darüber...

Wenn Sie durch die haufenweisen Haufenprobleme schon sensibilisiert sind für den Hundedreck am Wegesrand und sonst wo, und Sie sich vielleicht erst demnächst einen Hund zulegen wollen, dann beachten Sie bei der Wahl der Rasse unbedingt auch, was ein ausgewachsener Vertreter dieser Rasse zu produzieren fähig ist. So ganz nebenbei: Ähnliche Mengen kotzt er Ihnen auch auf den Teppich, wenn ihm mal hundeelend ist.

Kein guter Tipp ist ein Hundeklo in der Wohnung, vergleichbar dem Katzenklo. Eine gutwillige Kleinhündin mag das zwar lernen; wie gesagt, Hunde tun viel für ihre Menschen. Aber diese Dressur bleibt für einen einigermaßen natürlichen Hund mit intaktem Instinktverhalten eine Zumutung. Viele Hunde verwarten sowieso schon einen Großteil ihrer Zeit. Ohne die Erlaubnis, im Revier zu markieren, werden sie noch ärmer an Aufgaben. Auch ein arbeitsloser Hund hat Probleme!

Die regelmäßige Wurmkur sollte selbstverständlich sein (ungefähr jedes halbe Jahr, bzw. eine Kotuntersuchung im gleichen Rhythmus). Übrigens wurde in einem Gerichtsurteil ein Hundehaufen ohne Wurmeier als weniger sträflich, weil ungefährlicher, eingeschätzt als einer mit.

Hundekot ist stinkender Fleischfresserkot. Manchmal trägt er zusätzlich Krankheitserreger in sich. Überwinden Sie ihre Hemmungen und entsorgen Sie den Kot Ihres Hundes verlässlich auch dann, wenn Sie sich unbeobachtet fühlen.

▶ **Hoch das Bein**

Machen Sie sich klar, dass Sie Ihrem Rüden dieses Vergnügen nicht ganz verbieten können. Andererseits dürfen Sie auch nicht darauf hoffen, dass sich der Gartenbesitzer über den Hundenachrichten-Sammelplatz an seinem Zaunpfeiler freut.

Auch der Autobesitzer lässt sich nicht gerne die teuer bezahlten sportiven Radkappen bepinkeln, und empfindliches Grünzeug nimmt derart ätzende Güsse sichtlich übel. Geschäftsleute versuchen nicht selten mit allen möglichen – meist unwirksamen – Sprays und Pülverchen, die Rüden von ihrem lustvollen Tun an ihrer Schaufensterfront abzuhalten...

Es ist erstaunlich, dass sich über die Pinkelei der Rüden noch keiner lautstark aufgeregt hat. Grund dazu hätte er wirklich.

Die Rüdenbesitzer sollten deshalb

Als Welpen kauern sich Rüden und Hündinnen hin, um Pipi zu machen.

GESCHÄFTLICHE PROBLEME

schleunigst so viel Rücksicht auf ihre Mitmenschen nehmen, wie nur möglich, und ihre Rüden so beeinflussen (Erziehung, Leine, Auswahl der Wege), dass diese nur die Nachrichtenzentren benutzen, bei denen sich der Schaden in Grenzen hält: Straßenbäume, Verkehrsschilder, Hydranten, Laternenpfähle, Hecken, Büsche, Findlinge. Wichtig ist, dass Regen an die Pinkelstellen heran und der Urin wegsickern kann. (Also keine überdachten, gefliesten Eingangsbereiche!)

Aus dem Vorangegangenen wird deutlich, dass es eine Rücksichtslosigkeit ist, Rüden in Fußgängerzonen, in Geschäftsstraßen u.ä. frei herumrennen zu lassen. Sie markieren hemmungslos auch Gemüse- und Obststiegen vor Geschäften, ebenso die Kleidung an herausgestellten Ständern; sie benutzen Bänke und Fahrräder und manche selbstsicheren Angeber machen auch vor Hosenbeinen fremder Passanten nicht Halt. Gern pinkeln sie auch Rivalen an, aber das gehört in ein anderes Kapitel. Auch bei diesem Problembereich gilt: Sprechen Sie mit Ihrem Hund darüber! Nennen Sie die Dinge beim Namen! Wenn er weiß, was Sie wollen, wird er Ihnen – allerdings gegen seine innere Überzeugung – entgegenkommen: „Mach Pfützi, hier ist's fein! – Gut hast du das gemacht,

braver Hund." Oder aber: „Nein, hier kein Pipi, warte!"

Wählen Sie eine Hündin, wenn Sie diesen Schwierigkeiten aus dem Weg gehen wollen! Lassen Sie aber auch bitte hier nicht außer acht: Wenn eine Hündin sich hinkauert und auslaufen lässt, ist das eine scharfe große Ladung. Jeder bessere Rasen reagiert darauf mit einem gelben „verbrannten" Fleck. So ein gelbes Fleckenmuster auf seinem Golfrasen freut keinen Nachbarn. Da hilft nur: Den Rasen meiden oder sofort mit Gießkanne oder Schlauch nachgießen, um zu verdünnen.

Allerdings lockt Ihre Hündin zweimal im Jahr ca. drei Wochen die verliebten Rüden der Umgebung herbei, die dann voller Imponiergehabe um die Wette pinkeln! Freund Hund ist nun mal ein Lebewesen!

Der richtige Platz

Hunde-Urin ist scharf und hinterlässt Spuren. Rüdenhalter sollten ihren Hunden die lustvolle Nachrichten-Pinkelei nur dort erlauben, wo die Belästigung der Mitmenschen sich in Grenzen hält. Besitzer von Hündinnen sollten aufpassen, dass die sich nicht auf fremden, gepflegtem Zierrasen auslaufen lassen.

Öffentlichkeitsarbeit mit dem Hund

81 ▸ Hilfreiche Gespräche   83 ▸ Kind und Hund

▸ **Hilfreiche Gespräche**

Häufig nehmen Hundehalter und Menschen ohne Hund in Sachen Hund erst dann Kontakt auf, wenn sich der hundelose Mensch durch den Hund belästigt oder geängstigt fühlt. Und das sieht dann manchmal so aus: „Hallo! Nehmen Sie den Hund von dem Kind weg! Eine Unverschämtheit ist das!" – „Sie sind ja total hysterisch. Der will doch nur schnüffeln!" ... Die Emotionswellen werden immer höher und sehr schnell fallen Ausdrücke wie: „Halts Maul, du blöde Schnepfe!" „Idiot, verpiss dich!" (Bei derartigen Freundlichkeiten wird das direkte, distanzlose du benutzt.) Jede der beiden Parteien ist dabei für solche verbalen Attacken gut. Die Mischung aus Angst, Zorn, Sich-angegriffen-Fühlen, Beleidigt-Sein führt bei Mensch wie Hund schnell zu heftigen Aggressionen.

Ist die Aggression erst einmal hoch gekocht, dann geht in der Regel gar nichts mehr, was zur Verständigung, also zum friedlichen Miteinander der Kontrahenten führen könnte.

Eine gewisse Chance auf freundliche Verständigung besteht, wenn der Hundebesitzer ruhig bleibt und so reagiert:

„Hallo, nehmen Sie den Hund von dem Kind weg! Eine Unverschämtheit ist das!" „Anton, komm her, mach ‚Sitz'! Entschuldigen Sie bitte! Hat er Sie sehr erschreckt?" – „Entschuldigen, entschuldigen! Sie müssen auf Ihren Hund besser aufpassen!" – „ Sie haben ja Recht. Ich habe mich gerade mit meiner Freundin unterhalten und Sie zu spät bemerkt. Anton ist nämlich erst sieben Monate alt und er gehorcht noch nicht so gut. Er ist ein Labrador und die mögen Kinder so gern. Ich bin aber am Üben. Ich bin nur froh, dass Ihr Kleiner nicht weint. Wie alt ist er denn?" – „Er wird in der nächsten Woche drei."

> **Verhalten bei Konflikten**
>
> Aggression des Belästigten ruhig aushalten – sich entschuldigen – Hundeverhalten erklären – den Anderen mit seinem Anliegen sehen und ernst nehmen und ins Gespräch kommen. Damit erreicht man oft sehr schnell eine ganze Menge, und bei der nächsten Begegnung grüßt man sich vielleicht schon lächelnd.

Noch günstiger sind die Voraussetzungen, wenn Hundemensch und Hundeloser ohne ärgerlichen Anlass ins Gespräch kommen. Ich meine jetzt weniger Gespräche mit hundelosen Hundefans, die von sich aus auf uns und unseren Hund zugehen und ihn gern streicheln oder etwas über ihn erfahren wollen. Ich meine Kontakte zu Menschen, denen Hunde unbehaglich, wenn nicht gar bedrohlich sind. Sie nehmen von sich aus ohne zwingenden Grund keinen Kontakt zu uns auf. Wenn ihre Ängste sehr beherrschend sind, wechseln sie sogar die Straßenseite, um uns auszuweichen, und sie meiden Parks ganz, weil ihnen der Angstschweiß ausbricht und sie in Panik geraten, wenn ihnen ein freier Hund entgegen stürmt.

Zu diesen Menschen sollten Hundehalter Kontakt aufnehmen. Begegnet man sich regelmäßig, kann schon ein freundliches Nicken Ängste mildern, denn ängstliche Menschen schließen – wie andere auch – vom Verhalten des Halters zu Recht auf das Verhalten seines Hundes. Wenn sie sich vom Hundehalter wahrgenommen und freundlich zugewandt behandelt fühlen, tut das gut.

Bestimmt ergibt sich dann auch einmal ein Gespräch, in dem man über seinen Hund etwas sagen kann und vielleicht auch etwas über die Ängste des anderen erfährt. Für einen ängstlichen Menschen kann es sehr wichtig sein zu hören, dass der große Hund, der ihm gegenüber steht, selbst auch ein Angsthase ist oder dass er schon sehr alt und taub ist oder dass er erst gestern in einer Kindergartengruppe war, weil er ganz besonders lieb und belastbar ist.

Wenn der Andere es will, können Sie Ihrem Hund auch erlauben, einmal kurz an ihm zu schnuppern. Geben Sie die Info: „Wir gucken uns Leute an, um sie kennen zu lernen. Hunde schnuppern, um jemanden kennen zu lernen." Vielleicht wirken die vertrauenbildenden Maßnahmen nach einiger Zeit sogar so gut, dass der Andere sich traut, Ihrem Hund ein Leckerli hin zu halten oder ihn zu streicheln.

Ganz wichtig ist für Menschen mit Hundeängsten auch die Information, dass Hunde uns nach unserer Körpersprache einschätzen, also in erster Linie von unserem Auftreten auf unsere Stimmung schließen. Immer wieder äußern verängstigte Menschen, dass der Hund ja riechen kann, wie große Angst sie haben und dass er sie deshalb bestimmt gleich beißen will.

Kinder, die früh gute Erfahrungen mit Hunden machen, entwickeln selten übersteigerte Ängste.

Zum einen orientiert er sich gar nicht an ihrem Angstschweiß, zum anderen hat er überhaupt keinen Grund, ängstliche Menschen, sofern er sie als solche erkennt, zu beißen, denn von ihnen geht ja keinerlei Bedrohung für ihn aus.

Total verändert ist die Situation für den Hund allerdings, wenn der ängstliche Mensch schreiend wegläuft, denn dieses Verhalten ist für viele Hunde ein Jagdsignal und sie rennen hinterher, sei es aus spielerischen Fangvergnügen oder gar ernsthafter Lust, Beute zu packen ...

▶ Kind und Hund

Insbesondere Kindern sollten wir unsere Kontaktbereitschaft signalisieren.

In städtischen Gebieten wachsen viele Kinder gänzlich ohne Tierkontakte auf oder ihre spärlichen Tierkontakte beschränken sich auf Käfigtiere, die – in Einzelhaft gehalten – in Langeweile dahindösen.

Wenn die Hundehalter nicht mithelfen, diese Generation mit Hunden vertraut zu machen, ist die Entwicklung von immer größerer Ablehnung gegenüber Hunden vorprogrammiert: Es ist nun einmal menschlich, das Unbekannte, Fremde, zu fürchten und abzulehnen.

Schon Babys haben großes Interesse an Hunden und krabbeln ohne Angst auf die andersartigen Wesen zu. Es braucht allerdings besonders kinderfreundliche, belastbare Hunde, um fremden Kleinstkindern Hundekontakte zu ermöglichen. Viele Hunde finden zappelige, unberechenbare kleine Menschen sehr lästig, wenn nicht gar beängstigend.

Dem Kleinkind kann man dann

> **Kleinkinder**
>
> Bei der Begegnung mit fremden Kleinstkindern sollten wir bei unserem Hund in Hab-Acht-Stellung sein und ihm helfen und *ihn* „in Sicherheit" bringen, wenn er überfordert ist. Viele Hunde haben keine regelmäßigen Kontakte mit Krabbelkindern und sie können schlecht mit ihnen umgehen!

schon sagen, wie es mit unserem Hund Kontakt aufnehmen darf. Und eigentlich sollte es heute selbstverständlich sein, dass jeder Hund, der sich mit seinem Leitmenschen in der Öffentlichkeit bewegt, sich auch – unter Aufsicht seines Menschen – von Kindern anfassen lässt, selbst wenn er es nicht besonders gern mag.

Bieten Sie Kindern an: „Willst du ihn mal streicheln?" Zeigen Sie dem Kind, wo Ihr Hund sich gerne streicheln lässt. Erzählen Sie ruhig auch, wo er es nicht so gerne hat. Beobachen Sie Ihren Hund genau und sagen Sie dem Kind, wenn er genug hat. „So, nun möchte er nicht mehr. Du magst doch auch nicht immer geknutscht werden, oder?" Es kann dann durchaus sein, dass ein Kind Ihnen spontan berichtet, wie schrecklich es ist, wenn Tante Inge es immer küsst und an sich drückt ...

Kinder fragen meistens nach dem Namen des Hundes und wollen wissen, ob es ein Junge oder ein Mädchen ist. Manchmal interessiert sie auch die Rasse.

Wenn Sie selbst Kindergarten- oder Schulkinder haben, sollten Sie den Erziehern bzw. Lehrern anbieten, mit dem Hund einmal in die Klasse zu kommen, denn Ihr Hund ist den täglichen Umgang mit Ihren Kindern und deren Freunden gewohnt und dadurch ein idealer Hund für eine Kindergruppe. Wenn Sie in die Klasse eingeladen werden, dann lassen Sie die Kinder in einem Stuhlkreis sitzen, damit der Hund zu allen Kontaktmöglichkeiten hat.

Nehmen Sie es ernst, wenn Kinder sehr ängstlich sind. Fragen Sie die ängstlichen Kinder, ob Sie den Hund von der Leine lassen dürfen. Behalten Sie den Hund unbedingt an der Leine, wenn auch nur ein Kind es wünscht. Fragen Sie die Kinder am Anfang, wie sie sich das Verhalten des Hundes in dieser Stunde wünschen (Kinder wünschen sich oft: Soll lieb sein, soll nicht beißen, nicht ihr Schulbrot aufessen, nicht hinmachen, nicht hochspringen). Informieren sie die Kinder, was Ihr Hund sich wünscht (Lärm mag er nicht. Er möchte nicht von vielen Kindern auf einmal angefasst und auch nicht geärgert werden).

Lassen Sie die Kinder Fragen zu Ihrem Hund stellen. Erzählen Sie von Ihrem Hund. Toll ist es, wenn Ihr Hund so folgsam und verlässlich (!) ist, dass Sie ihn während dieser Zeit jeweils ein paar Minuten zwischen zwei Kindern „Sitz" machen und sich streicheln lassen können (natürlich nur bei Kindern, die das wollen!). Viele Kinder haben ein starkes Bedürfnis nach solchen direkten Kontakten.

Zeigen Sie den Kindern die Zähne des Hundes und seine Pfoten und erzählen Sie ihnen, dass Hunde keine Hände haben, mit denen sie etwas anfassen, festhalten und tragen können und lassen Sie die Kinder überlegen, wie sie „ohne Hände", z.B. mit den Händen auf dem Rücken, etwas greifen und tragen würden. Lassen Sie es die Kinder mit einem Spielzeug ausprobieren.

Hundebegegnungen ohne Angst

So verhalten sich Kinder richtig, wenn sie unterwegs einen Hund treffen, der ihnen unheimlich ist:

- ☐ Ruhig weitergehen (keinesfalls laufen, sonst rennen harmlose Hunde spielerisch hinterher, scharf gemachte leider, weil ihr Beutetrieb geweckt wird).

- ☐ Langsam umkehren ist auch o.k., wenn der Hund noch in einiger Entfernung ist und das Kind noch nicht fixiert.

- ☐ Unbeteiligt gucken (Hund nicht anstarren, dadurch fühlt er sich leicht angegriffen).

- ☐ Hände und Arme unten lassen, auch wenn er heran kommt und schnuppert oder leckt. Nicht hochreißen, sonst stellt er sich vielleicht hoch oder springt hoch, um zu gucken, ob etwas Leckeres oder ein Spielzeug in der Hand ist, oder er vermutet sogar einen drohenden Angriff. Unsere Hunde haben sich daran gewöhnt, dass ihre zweibeinigen Rudelgenossen aufrecht gehen. Aber wenn wir auch noch die Arme hochnehmen, erwecken wir bei denen, die die wölfische Gebärdensprache noch kennen, den Eindruck eines aufgerichteten und damit kampfbereiten Rüden. Einen Angriff befürchten auch die Hunde, die mit dem erhobenen Arm die Erinnerung an Schläge verbinden.

- ☐ Gar nichts sagen oder freundlich beruhigende Worte wie: „Na, du bist aber ein ganz braver Hund." (Nicht schreien oder Befehle geben.)

Lassen Sie die Kinder, die wollen, den Hund mit kleinen Hundekuchen füttern. Wenn Sie einen sehr vorsichtigen Hund haben, darf er sich auch kleine Bröckchen holen, die das Kind zwischen Daumen und Zeigefinger hält. Ist er ein Grobian, ist die flache Hand besser geeignet.

Die Kinder lernen Hundeverhalten verstehen, wenn sie erkennen, dass Hunde ganz viel mit ihren Zähnen machen müssen, was Menschen mit den Händen machen. Vielleicht kann Ihr Hund im Spiel mit einem Ball zeigen, was er mit seinen Zähnen noch alles macht.

Stellen Sie ansonsten den Hund in der Gruppe mit dem vor, was er besonders gut kann. Überfordern Sie ihn nicht. Die ungewohnte Situation und die Aufgaben, die Sie an ihn stellen, bedeuten wahrscheinlich hohe Konzentration und Stress für ihn.

Besprechen Sie unbedingt mit den Kindern, wie sie sich verhalten sollen, wenn sie unterwegs einen Hund treffen, der ihnen unheimlich ist (siehe Checkliste).

Üben Sie das „normale" Vorbeigehen mit den Kindern an Ihrem eigenen Hund. Loben Sie richtiges Verhalten.

Früh übt sich

Der Hundehalter sollte als Vermittler und Informant zwischen Hund und Kind auftreten. Kinder müssen lernen, sich bei unbekannten bzw. bekannten unheimlichen Hunden möglichst neutral und unauffällig zu verhalten. Und sie müssen positive Kontakte mit verlässlichen Hunden haben, um Ängste zu verlieren.

Hundehalter sollten Kindern solche Kontakte ermöglichen, und ihre Hunde sollten sie mögen oder zumindest gelassen ertragen können.

Realbegegnung geht über Bücherwissen: Hunde zum Anfassen, Streicheln, Füttern, Beobachten sind Highlights im Schulalltag.

Wenn Sie einen Hund haben, der leider gar keine Kontakte mit fremden Menschen erträgt, dann sollten sie denen, die ihn gern streicheln wollen, zumindest erklären, weshalb er das nicht mag: Pedro kommt aus Spanien und dort haben ihn Menschen sehr schlecht behandelt. Er hat Angst. – Motte habe ich aus dem Tierheim. Sie schnappt manchmal, wenn sie sich in die Enge getrieben fühlt. – Bruno ist blind. Er erschrickt sich, wenn ihn plötzlich einer anfasst. – Judy fängt immer an zu kläffen, wenn ein Fremder sie anfasst.

Es gibt bei Hunden ganz verschiedene Gründe, aus denen sie sich nicht anfassen lassen. Der unnötigste ist der, dass Sie ihn so wollten und so beeinflusst haben.

Auch als Hundehalter beobachten Sie bestimmt manchmal andere Hundehalter, die sich rücksichtslos verhalten. Dann ist Solidarität unter den Hundehaltern fehl am Platze. Letztlich tun wir es uns zuliebe, wenn wir dann aktiv werden, denn jeder rücksichtslose Hundehalter trägt mit seinem Hund dazu bei, dass die Ablehnung gegenüber Hunden wächst.

Vor kurzen habe ich das Folgende erlebt: Am kleinen See im großstädtischen Naherholungsgebiet hat ein halbwüchsiger Schwan Rast gemacht, der offenbar ein verletztes Bein hat. Die Hundehalter informieren sich untereinander und nehmen ihre Hunde rechtzeitig an die Leine, an die sie von Rechts wegen dort sowieso gehören. Nur ein älteres Paar mit seinem großen schwarzen Mischling ignoriert die Hinweise und der lebhafte Hund rast zu dem Schwan hin, der sich flügelschlagend ins Wasser rettet. Ich rufe: „Das finde ich aber gar nicht gut!"

Die Leute kommen heran und der Mann pöbelt mich an: „Kümmern Sie sich doch um Ihren eigenen Scheiß! Machen Sie sich doch nicht lächerlich!" Zum Glück bekomme ich Unterstützung von anderen Spaziergängern.

Wir können leider nicht erwarten, dass andere Hundehalter sofort einsichtig reagieren, wenn wir ihr Verhalten kritisieren, aber ich habe die Erfahrung gemacht, dass man manchmal auf positive „Spätfolgen" hoffen kann.

Zivilcourage ist nötig

Solidarität ist nur da angemessen, wo die Gesinnung übereinstimmt. Manche Hundehalter können uns in ihrer Einstellung zur Umwelt sehr fremd sein und manche Hundelose sehr nah. Wir sollten uns für das stark machen, was uns wichtig ist, wenn es sein muss, auch gegen andere Hundehalter.

Praktische Tipps

87	▶	Die lange Leine	90	▶	Unser Hund macht sich selbstständig
89	▶	Der Maulkorb			

▶ Die lange Leine

Wenn man die Möglichkeiten nutzt, die Aufroll-Leinen bieten, und ihre Nachteile kennt und zu vermeiden sucht, sind sie eine tolle Sache zum Schutz von Mitmenschen, Mithunden und anderen Lebewesen, und gleichzeitig auch eine gute Sache für unseren Hund! Er ist zwar angeleint, hat aber einen Bewegungsradius von bis zu acht Metern, je nach Leinentyp. Wenn der Hundehalter eine lange Leitung hat, entrollt sich diese Leine allerdings manchmal ungewollt zu ganzer Länge, bevor er den Stoppknopf drücken kann.

Wenn ein großer Hund einen größeren Zug ausübt oder ein Mensch nicht sicher auf den Beinen ist, kann es zu üblen Stürzen kommen. Außerdem wirkt das dünne Seil manchmal als tückische Fußangel. Gehen Sie also bitte im Interesse Ihrer Umwelt nicht zu locker mit dieser Leine um! Spannen Sie keine Fallstricke vor Eingangstüren, Auffahrten oder über Wege! Wenn Sie Wanderwege benutzen, auf denen auch Fahrradfahrer unterwegs sind, dann müssen Sie rechtzeitig reagieren. Radfahrer sind oft schneller da, als Sie Ihren Hund „einholen" können, und die Radfahrer bemerken die dünnen Schnüre der Flexileinen oft erst, wenn es zu spät zum Bremsen ist.

Ein entspanntes Team! Auch an der Leine kann ein Hund froh spazieren gehen, allerdings braucht er dann aktive Menschen.

Geben Sie Ihrem Hund keine Gelegenheit, Leute einzuwickeln! Lassen Sie dem Hund an befahrenen Straßen nicht zu viel Laufraum. Sie brauchen eine gewisse Bremszeit! Wenn die Leine schnell an Armen und Beinen entlang reibt, bilden sich schmerzhafte Brandblasen.

Wenn Ihr Hund groß und das Kind, das Ihnen begegnet, klein ist, befindet sich die Leine etwa in Hals- oder Kopfhöhe des Kindes. Vorsicht! Stellen Sie sich darauf ein, dass Menschen, die körperlich nicht so wendig sind, z.B. ältere Menschen, Angst vor dieser Leine haben, besonders wenn ein temperamentvoller Hund daran herumwuselt.

Wenn Ihr Hund einen anderen angeleinten Hund trifft, nehmen Sie die Leine rechtzeitig kurz. Verwicklungen sind sonst fast unumgänglich. Kommt es zu einer Begegnung mit einem freien Hund, lassen Sie am besten die Leine locker. Ihr Hund wird sich dann frei fühlen und sich auch so verhalten.

Bei „Problembegegnungen" sollten Sie demonstrativ Abstand halten und nichts sagen, dabei wieder die Leine locker lassen!

Wenn Sie einen Problemhund haben, der sich nicht zuverlässig friedlich gegenüber Mensch und Tier verhält, sollten Sie nicht immer wieder versuchen, ihn frei laufen zu lassen in der Hoffnung: Es wird schon gut gehen. Denn es geht leider meistens nur eine Zeitlang gut, und es ist verantwortungslos. Bieten Sie Ihrem Hund als Ersatz regelmäßig Ausgang an der langen Leine.

Freiheit an der langen Leine

Wenn man nicht dauernd an seinem Hund herumzerrt und ihm alles verbietet, kann so ein Spaziergang an der Leine sehr entspannend und schön für beide Partner sein. Diese Leinen verbinden ein großes Maß an Freiheit für unseren Hund mit einem großen Maß an Sicherheit für unsere Umwelt, wenn wir im Gebrauch die nötige Sorgfalt walten lassen.

▶ Der Maulkorb

Maulkörbe dienen dazu, *den* Teil des Hundes „einzusperren", der als sein gefährlichster gilt, nämlich das Raubtiergebiss. Dem übrigen Hund erlauben sie weiterhin Beweglichkeit und Öffentlichkeitskontakte (s. S. 52).

Maulkörbe bedeuten eine Einengung des Hundes in seinen Kommunikationsmöglichkeiten, insbesondere im Umgang mit anderen Hunden; aber unser sehr lernfähiger vierbeiniger Partner ist schon mit ganz anderen Verständigungsschwierigkeiten fertig geworden, die wir ihm durch Zucht und Haltung auferlegt haben. Hunde können sich auch mit Maulkorb verstehen. Und mancher Problemhund kann mit Maulkorb Freiheiten genießen, die ihm sein verantwortungsvoller Halter ohne diese Absicherung nicht gewähren darf.

Das Spielen ist mit Maulkorb problematisch, weil Hunde dabei in aller Freundschaft sehr oft mit den Zähnen nach dem Mitspieler greifen. Ersatzbeute-Tragen und Apportieren werden ganz unmöglich.

Wichtig ist eine gute Polsterung im Bereich des Nasenrückens. Maulkörbe sollten dem Hund wegen der Vielzahl sehr unterschiedlich geformter Hundeköpfe vor dem Kauf unbedingt angepasst werden, damit sie beim Tragen nicht drücken, reiben oder abgestreift werden können. Dauerschmerzen durch einen schlecht sitzenden Maulkorb können gereizt und aggressiv machen.

Außerdem sollte man beim Kauf beachten: Maulkörbe, die nach Herstellerwerbung das Bellen, Kauen und Beißen verhindern, behindern zwangsläufig auch das Hecheln, weil sie eng um die Schnauze anliegen, und können dadurch einen tödlichen Hitzstau verursachen. Der Hund kann sich durch das Hecheln nur effektive Abkühlung verschaffen, wenn er dabei die Schnauze öffnen kann.

Hunde lassen sich meist schnell an Maulkörbe gewöhnen, wenn man in kleinen Schritten vorgeht und das Anlegen mit positiven Aktivitäten verbindet: Windhunde z.B., die Rennen laufen, wissen, dass sie gleich anschließend loshetzen dürfen, wenn sie den Maulkorb umgelegt bekommen, und akzeptieren ihn deshalb. Wenn möglich, sollte schon der Junghund nach und nach damit vertraut gemacht werden (kurze Tragezeit, dabei lustvolle, ablenkende Aktivitäten, z.B. Renn- oder Suchspiele, Leckerlis, Schmusezeit).

▶ **Unser Hund macht sich selbstständig**

Die Gefolgstreue der Hunde ist sehr vom Typ, von der Erziehung, von der jeweiligen Situation und last but not least vom individuellen Charakter des Hundes abhängig. Ein Chow-Chow neigt dazu selbst zu entscheiden, welchen Weg er zu gehen beliebt oder auch auf keinen Fall gehen möchte. Kann er seinen Menschen nicht „überreden", mit ihm zu gehen, geht so ein eigenständiger Typ seinen Weg auch alleine und lässt seinen Menschen stehen. Auch ein Husky hat die Unabhängigkeit, seinen Menschen irgendwo zurück zu lassen und für ein paar Stunden alleine oder noch lieber mit einem zweiten Hund auf Tour zu gehen.

Andere Hunde lassen ihren Menschen stehen, weil sie den Duft einer heißen Hündin in der Nase haben oder die Spur eines Rehs.

Wieder andere neigen zu Panikzuständen, die durch bestimmte Geräusche oder auch Gerüche ausgelöst werden; sie rasen dann völlig kopflos davon. Und es kann auch durchaus vorkommen, dass ein Hund sich irgendwo fest schnüffelt oder so begeistert spielt, dass ihm sein Mensch dabei abhanden kommt.

Schon in Ihrem eigenen Interesse sollte Ihr Hund immer, wenn er frei läuft, am Halsband eine Plakette mit Ihrem Namen und Ihrer Adresse tragen. Diese für jedermann schnell lesbare Info wird durch einen implantierten Microchip keinesfalls überflüssig, denn sie kann Ihnen helfen, Ihren Hund schnell wieder zu bekommen, wenn er von einem tierlieben Menschen aufgegriffen wird. Privatleute können die Microchips nicht lesen.

Diese „Identifikationsplakette" kann aber auch für Ihre Mitmenschen sehr hilfreich sein, wenn Ihr Hund in einen Verkehrsunfall verwickelt wird und es um die Schadensregulierung geht. Eine Haftpflichtversicherung sollte heute für jeden Hundebesitzer eine Selbstverständlichkeit sein!

Die Kennzeichnung ist allerdings kein Freibrief dafür, den Hund einfach ohne Aufsicht laufen zu lassen. Wir müssen auf ihn aufpassen und ihn notfalls an der Leine führen.

Sicherheit für Hund und Mensch

Ein implantierter Microchip zur Identifikation, eine Plakette mit Namen und Telefonnummer (im Urlaub zusätzlich mit der Ferienanschrift!) und eine umfassende Haftpflichtversicherung sind ein Muss für jeden Hund. Diese Kennzeichnung und Absicherung entheben uns nicht der Aufsichtspflicht. Wenn wir befürchten müssen, dass unser Hund uns unterwegs wegläuft, gehört er an die Leine.

Service

90 ▶ Zum Weiterlesen   90 ▶ Register
90 ▶ Adressen   92 ▶ Impressum

▶ **Zum Weiterlesen**
Donaldson, Jean: Hunde sind anders. ...Menschen auch – so gelingt die Verständigung zwischen Mensch und Hund. Kosmos, Stuttgart 2000.
Feddersen-Petersen, Dr. Dorit: Hunde und ihre Menschen. Kosmos, Stuttgart 2001.
Feddersen-Petersen, Dr. Dorit: Hundepsychologie. Wesen und Sozialverhalten. Kosmos, Stuttgart 1989.
Feltmann-von Schroeder, Gudrun: Welpentraining mit Gudrun Feltmann. Kosmos, Stuttgart 2000.

Harries, Brigitte: Ein Welpe kommt ins Haus. Kosmos, Stuttgart 1995.
Harries, Brigitte: Hundesprache verstehen. Kosmos, Stuttgart 1998.
Hoefs, Nicole und Petra Führmann: Das Kosmos-Erziehungsprogramm für Hunde. Kosmos, Stuttgart 1999.
Jones, Renate: Welpenschule leichtgemacht. Kosmos, Stuttgart 1997.
Krämer, Eva-Maria: Der Kosmos-Hundeführer. Kosmos, Stuttgart 1995.
Pietralla, Martin: Clickertraining für Hunde. Kosmos, Stuttgart 2000.
Pryor, Karen: Positiv bestärken, sanft erziehen. Die verblüffende Methode, nicht nur für Hunde. Kosmos, Stuttgart 1999.
Tellington-Jones, Linda: Tellington-Training für Hunde. Das Praxisbuch zu TTouch und TTeam. Kosmos, Stuttgart 1999.
Tellington-Jones, Linda: Tellington-Training für Hunde. Video. Kosmos, Stuttgart 2001.
Winkler, Sabine: Hundeerziehung. Kosmos, Stuttgart 2000.

▶ **Adressen**
BHV
(Berufsverband der Hundeerzieher und Verhaltensberater e.V.)
Aussiedlerhof Reiterhohl
D-65817 Eppstein
Tel.: 06198-5790036
Fax.: 06198-501373
www.bhv-net.de

GTVT Geschellschaft für Tierverhaltenstherapie e.V.
Dr. Heidi Bernauer-Münz
Blankenfeld 29
D-35578 Wetzlar
Tel.: 06441-74245
Fax: 06441-74919

IIBMUENZ@aol.com
www.tiermedizin.de/gtvt

Interessengemeinschaft unabhängiger Hundeschulen
Hundefarm Eifel
D-53902 Bad Münstereifel
Tel.: 02257-7441
Fax: 02257-952660

TASSO e.V.
Haustierzentralregister
Frankfurter Str. 20
D-65795 Hattersheim
Tel.: 06190-932214
Fax: 06190-5967
tasso@tiernotruf.org
www.tiernotruf.org

▶ **Register**
Adressanhänger 90
Aggression 6, 19, 34, 52
Ängste 15, 26
Apportieren 8, 69
Auseinandersetzungen 46
Auslaufrevier 50

Begegnungen, Kinder 84
Begegnungen, Hunde 55
Begegnungen, Irritierende 41
Begegnungen, Unliebsame 57
Behinderte 41
Bein heben 79
Beißunfälle 7, 47, 52
Bellen 35
Besuch 22, 30

REGISTER

Beutegriff 23
Beutetrieb 10, 37, 69
Bewachen 27, 34
bissige Hunde 58

Defekt-Mutationen 45
Disc-Schellen 17, 21, 36
distanzloser Menschenfreund 14
Drohverhalten 41, 55
Duftmarken 55

Erfahrungen, schlechte 59
Ersatzbefriedigung 37, 69
erwünschtes Verhalten 11
Erziehungshilfen 21, 68

Freilaufgebiete 48
Fußgängerzone 31

Gäste 22
Gaststätte 23, 29
Gehorsamsübungen 26, 63
Geschlechtsreife 74
Großhundebesitzer 24, 47

Halfter 25, 62
Halt, warte 54, 65
Handwerker 33
Haustiere 63
Heranrufen 65
Hetztrieb 37
Hunde, bissige 58
Hunde, freilaufende 43
Hundeangst 5, 39, 82
Hundebegegnungen 47, 55
Hundehaftpflichtversicherung 90
Hundekot 73 ff.
Hundeschule 21, 26
Hundeverordnungen 7, 48
Hündinnen 55

Identifikationsplakette 90

Impfschutz 72
Imponiergehabe 55
Inzucht 8
irritierende Begegnungen 41

Jagdbares Wild 50, 66
Jägertyp 35
Jogger 37
Junghund 49, 53

Kampfhunde 51
Katzen 61
Kleinhundebesitzer 47
Konditionierung, positive 21, 32
Kot 73
Kotuntersuchung 79

Läufigkeit 56, 74
Leine, lange 87
Leinen-Rambo-Verhalten 16
Leinenzwang 52

Markieren 74
Massenzucht 20, 72
Maulkorb 26, 52, 89
Menschen, fremde 14
Menschenfreund, distanzloser 10, 14
Mikrochip 90
Misstrauen 31

Nackengriff 60
Nackenhaare, gesträubte 55

Öffentlichkeitsarbeit 81

Phobien 26
Platz, warte 32
Positive Konditionierung 21, 32
Prägung 19, 44, 54
Problemhunde 54

Radfahrer 38

Rassehundzucht 11, 69
Revierdenken 51, 53
Rudelverhalten 53, 60
Rüden 55

Sachkunde-Nachweis 20
Schleppleine 21
Sozialisierungszeit 19
Spieltrieb 10
Sprachbarrieren 45
Spurlaut 67
Stadthund 48, 50

Tierkämpfe 52

Übungsplatz 26
Umwelteindrücke 13, 71
Unterwürfigkeit 6, 58
Urin 73

Verhalten, erwünschtes 11
Verhalten, unerwünschtes 59
Verständigungsschwierigkeiten 43, 52

Wächtertyp 10, 21, 27, 31, 51
Welpenauswahl 12
Welpenschutz 53
Welpenspielstunden 49
Wesenstests 20
Wild 66
Wurfkette 21
Wurmkur 79

Züchter 12, 71

IMPRESSUM

Farbfotos von Sigrid Beck (1, S. 28), Heike Erdmann/Kosmos (1, S. 6), Brigitte Harries (alle übrigen 22 Aufnahmen), Thomas Höller (2, S. 9, 39), Thomas Höller/Kosmos (3, S. 46, 64, 90), Marc Rühl/Kosmos (2, S. 24, 730), Christof Salata/Kosmos (12, S. 1, , 14, 15, 27, 5ol, 5or, 62, 67, 73ul, 73ur, 870), Sven-Olaf Stange/Kosmos (4, S. 10, 17, 22, 59), Barbara Weber (1, S. 68).

Cartoons von Jan P. Schniebel.

Umschlaggestaltung von Atelier Reichert, Stuttgart, unter Verwendung von drei Aufnahmen von Christof Salata/Kosmos und Juniors Bildarchiv/Schanz (Rückseite).

Mit 62 Farbfotos und 27 farbigen Cartoons.

Die Deutsche Bibliothek – CIP-Einheitsaufnahme
Ein Titelsatz für diese Publikation ist bei Der Deutschen Bibliothek erhältlich

Alle Angaben in diesem Buch erfolgen nach bestem Wissen und Gewissen. Sorgfalt bei der Umsetzung ist indes dennoch geboten. Der Verlag und die Autorin übernehmen keinerlei Haftung für Personen-, Sach- oder Vermögensschäden, die aus der Anwendung der vorgestellten Materialien und Methoden entstehen könnten.

Bücher · Kalender · Spiele · Experimentierkästen · CDs · Videos · Seminare

Natur · Garten & Zimmerpflanzen · Heimtiere · Pferde & Reiten · Astronomie · Angeln & Jagd · Eisenbahn & Nutzfahrzeuge · Kinder & Jugend

KOSMOS

Postfach 10 60 11
D-70049 Stuttgart
TELEFON +49 (0)711-2191-0
FAX +49 (0)711-2191-422
WEB www.kosmos.de
E-MAIL info@kosmos.de

© 2001, Franckh-Kosmos Verlags-GmbH & Co., Stuttgart
Alle Rechte vorbehalten
ISBN 3-440-08883-9
Lektorat: Angela Beck
Grundlayout: Friedhelm Steinen-Broo, eStudio Calamar
Satz und Layout: TypoDesign, Radebeul
Printed in Czech Republic / Imprimé en République Tchèque
Druck und Binden: Těšínská Tiskárna, a.s., Český Těšín

Der Kosmos Verlag ist Mitglied in der
GKF
Gesellschaft zur Förderung Kynologischer Forschung e.V.

Postfach 140353
53058 Bonn
Service-Telefon
01 80 / 3 34 74 94